하나님의 살아계심을
증거하는 기적의 삶

# 이른 비의 기적

재벌 하나님, 나의 아버지 I

| 이은태 지음 |

쿰란출판사

**재벌 하나님, 나의 아버지 Ⅰ**
이른 비의 기적

**1판 1쇄 인쇄** _ 2019년 5월 10일
**1판 1쇄 발행** _ 2019년 5월 15일

**지은이** _ 이은태
**펴낸이** _ 이형규
**펴낸곳** _ 쿰란출판사

**주소** _ 서울특별시 종로구 이화장길 6
**편집부** _ 745-1007, 745-1301-2, 747-1212, 743-1300
**영업부** _ 747-1004 FAX 745-8490
**본사평생전화번호** _ 0502-756-1004
**홈페이지** _ http://www.qumran.co.kr
**E-mail** _ qrbooks@gmail.com / qrbooks@daum.net
**한글인터넷주소** _ 쿰란, 쿰란출판사
**등록** _ 제1-670호(1988.2.27)
**책임교열** _ 김유미·오원

ⓒ 이은태 2019   ISBN 979-11-6143-249-6   03230

책값은 뒤표지에 있습니다.
이 출판물은 저작권법에 의해 보호를 받는 저작물이므로 무단 복제할 수 없습니다.
파본(破本)은 구입처에서 교환해 드립니다.

_____님께

하나님은 당신을 통해 기적을 이루십니다.

_____드림

이른 비의
# 기적

추천사 1

# 하나님의 역사를
# 체험하는 삶에 도전하길

하나님께서는 하나님을 믿는 사람을 반드시 책임지십니다.

성경은 첫 시작부터 이 세상의 주인이 하나님이심을 선포합니다. 그뿐만 아니라 성경은 우주 만물을 움직이는 위대한 존재가 하나님이심을 전합니다. 이 땅을 살아가는 사람이 믿어야 할 유일한 존재는 여호와 하나님뿐입니다. 사람이 하나님을 얼마나 신뢰하느냐에 따라 그 사람의 인생이 결정됩니다. 하나님을 믿고 신뢰하면 하나님께서는 그 사람의 인생을 책임지십니다.

이은태 목사님의 삶은 이러한 성경의 진리를 눈앞에 펼쳐 놓은 것과 같습니다. 목사님이 하나님을 신뢰할 때에는 세상의 원리를 뛰어넘는 기적의 역사가 언제 어디서든지 일어났습니다. 하지만 그렇지 않을 때에는 험난한 인생길을 걸었습니다.

결국 하나님의 강권적인 역사로 목회자의 길로 들어섰고, 하루하루의 삶을 걱정했던 가난한 신학생의 삶이 변화되어 전 세계 유학생들에게 복음을 전하는 영어 학교를 운영하고 뉴질랜드 최대 선교 센터를 세우게 하셨습니다.

이은태 목사님은 머리로만 하나님을 이해하는 얕은 수준을 뛰어넘는 체험적인 신앙을 소유하셨습니다. 또 끈질긴 기도를 통해 하나님을 만났고, 놀라운 사건과 역사를 체험하였습니다.

하나님께서는 온전한 예배와 기도를 드린 목사님에게 뉴질랜드 최대 선교 센터를 운영하게 하셨습니다. 전 세계의 여러 선교 단체가 무료로 이 빌딩을 사용하며 선교 사역을 하고 있습니다. 이은태 목사님의 간증을 통해 많은 사람이 도전을 받아, 하나님을 깊이 신뢰하고 하나님의 세밀한 역사와 인도하심을 체험하는 은혜가 있기를 기도합니다. 목사님의 간증이 여러분의 간증이 되시기를 축복합니다.

하나님께서 이은태 목사님을 통해 더욱 큰일을 이루실 것을 확신하며 기쁜 마음으로 이 책을 추천합니다.

정필도
수영로교회 목사

추천사 2

# 놀라우신 하나님이
# 바로 우리 아버지이심을 믿으세요

　어린 시절 열악한 환경에서 살아온 과정과 하나님의 놀라운 손길을 경험한 이야기는 우리 가슴을 뛰게 합니다. 이 책을 통해 많은 독자들이 위로와 격려를 받을 것입니다.

　지난해 뉴질랜드에서 목사님을 직접 뵙고 선교 센터를 돌아보았습니다. 참으로 놀라운 하나님의 역사를 목도하고, 그 영광을 찬양하게 되었습니다. 그 후 목사님을 초청해 우리 교회에서 집회를 열었는데 많은 성도들이 이은태 목사님의 간증에 은혜를 받았습니다.

　간증집을 읽으면서 받은 은혜를 오늘날 젊은 친구들과 나누고 싶습니다. 일류 대학을 나오지 못했다고, 배경이 없다고, 가진 것이 없다고 한탄하며 희망을 잃고 사는 젊은이들에게 이 책을 꼭 권하고 싶습니다. 이 시대의 젊은이들이 이 책을 통해 꿈을 찾고 도전받기 바랍니다.

　하나님께서 이 목사님을 통해 어떻게 일하셨는지를 보면 가슴이 뜁니다. 무일푼인 목사님에게 138에이크(17만 평), 200만 불(약 12억 원)의 아름다운 땅을 주시고, 그 땅 가운데 15만 평을 10개월 만에 780만 불(63억 원)에 팔게 하신 하나님이십니다. 땅을 판 돈으로 100억 짜리 건물을 50억에 구입하고, 영어 학교를 짓는 것까지 허락하신 하나님의 손길을 읽는 독자들은 '하나님은 진짜 놀라우신 분이구나' 하며 감탄할 것입니다. 그리고 이은태 목사님의 아버지 하나님이 내 아버지라는 사실에 감사와 믿음이 솟아날 것입니다.

이은태 목사님을 통한 하나님의 역사를 읽으면 이 목사님의 믿음의 기초가 어디서부터 시작되었는지 알 수 있습니다.

이 책을 통해, 부모들은 자녀를 어떻게 지도할 것인가를 알게 될 것이고, 자녀들은 미래를 어떻게 꿈꾸며 살아야 할 것인가를 발견하게 될 것입니다. 이 간증집을 읽는 독자들에게 하나님의 무한하신 은혜와 축복이 넘치길 바랍니다.

최홍준
호산나교회 원로목사

추천사 3

# 신실하신 하나님을 알아가는 기쁨

"역사는 되풀이된다." 이는 한 치 앞도 내다볼 수 없고 한 길 사람 속도 모르는 유한한 존재인 인간이, 과거를 돌아봄으로써 오늘의 상황을 평가하고 내일을 예측할 수 있다는 의미입니다. 그런데 역사는 역사를 주관하시는 하나님에 대한 지식까지도 깨닫게 해 줍니다.

개인의 역사를 다루는 신앙 간증도 마찬가지입니다. 신앙 간증을 통해 개인의 삶 속에서 긍휼과 사랑을 베푸시는 하나님을 간접적으로 체험하며 풍성한 은혜를 받을 수 있습니다.

이은태 목사님의 《이른 비의 기적》을 읽으면서 역동적인 하나님의 역사와 하나님의 자녀인 우리를 향한 깊은 사랑을 느낄 수 있었습니다. 하나님께서 이 목사님에게 선교 센터를 주시겠다고 말씀하시고 이를 신실하게 이루시는 과정을 보면서, 제가 섬겼던 미국의 워싱턴순복음제일교회와 일본의 순복음동경교회, 그리고 지금 섬기고 있는 여의도순복음교회의 부흥의 역사 가운데 함께 하셨던 주님의 은혜를 회고하기도 했습니다.

이 역사하심에는 아들을 '하나님의 종'으로 바치겠다는 어머니의 서원과, '주님의 종'이 되겠다는 이 목사님의 서원이 있었습니다. 잠시 방황하고 불순종했지만 하나님은 이 목사님을 연단하셨고 그 서원대로 이끄셨습니다. 하나님께서는 목사님을 통해 주님의 일을 이루셨고 영광을 크게 드러내셨습니다.

 이 목사님의 간증은 고난의 터널을 통과하고 있는 주님의 자녀들에게 큰 위로와 소망이 될 것입니다. 더불어 이 목사님의 이야기는 이 책을 읽는 독자들에게 하나님의 물질 축복의 법칙과 바른 자녀 교육관, 십자가 중심의 신앙을 가르쳐 줄 것입니다. 이 간증집을 읽는 모든 분들에게 주님을 알아 가는 기쁨이 가득하시기를 소원합니다. 무엇보다 주님께 모든 것을 맡겨 드릴 수 있었던 이 목사님의 믿음과 사랑이 독자 여러분께도 충만하시기를 간절히 기도합니다.

이영훈
여의도순복음교회 목사

추천사 4

## 우리의 지식과 기대보다 뛰어나신 하나님을 경험하라

   간증이란 삶의 체험을 고백을 통해 하나님을 증언하는 일입니다. 간증집을 통해 만난 이 목사님의 삶은 한마디로 '하나님의 살아 역사하심'에 대한 증거였습니다.
   이 목사님의 삶은 고난의 연속이었습니다. 어려운 가정 형편 가운데 검정고시를 거쳐 대학에 입학했으나 희망은 보이지 않았습니다. 그러나 이 목사님은 하나님의 강한 손에 붙들려 인도하심을 받게 됩니다. 저는 특히 군 생활에서 경험한 '코드 원' 되시는 하나님의 이야기를 읽으며 많은 감동을 받았습니다. 엄청난 위기 앞에서 하나님의 살아 계심을 체험한 목사님의 이야기를 읽고 있으면 저절로 하나님께 영광을 돌리게 됩니다.
   이후 한전에서의 직장 생활을 시작으로 이어지는 수많은 삶의 이야기는 우리의 모습을 세밀하게 그려낸 느낌이었습니다. 뉴질랜드까지 인도하시는 하나님의 역사가 너무 놀라워서 정신없이 책장을 넘겼습니다. 그리고 뉴질랜드에서 역동적인 선교사역을 감당하시는 목사님의 삶을 보며 큰 도전을 받았습니다. 뉴질랜드에서의 사역은 하나님께서 이 목사님을 쓰시기 위한 기적이었습니다.

이 시대는 '하나님은 능치 못할 일이 없다'는 고백이 삶의 체험에서 나오는 신앙 고백이기보다는 구호에 머무는 안타까운 때입니다. 이런 때에 이 목사님의 간증집 출간은 많은 이들에게 도전이 될 것입니다. 이에 독자 여러분에게 이 책을 추천합니다.

많은 분들이 이 목사님의 삶을 통해 하나님의 살아 계심을 경험하기를 기대합니다.

아울러 목사님께서 총신대학교 학생들에게 베푸신 관심과 애정에 깊은 감사를 드립니다. 목사님의 선교 사역에 하나님의 은혜가 함께하셔서 더 많은 장학 사업과 선교 사역을 감당하시기를 진심으로 기원합니다.

정일웅
총신대학교 총장

차례

추천사 1 / 정필도 수영로교회 목사 _ 6
      2 / 최홍준 호산나교회 원로목사 _ 8
      3 / 이영훈 여의도순복음교회 목사 _ 10
      4 / 정일웅 총신대학교 총장 _ 12
프롤로그 _ 16

## Part 1 하나님이 일하시는 곳, 뉴질랜드

'기적의 빌딩'에서 맺히는 복음의 열매 _ 20

## Part 2 하나님을 아는 것이 지혜의 근본

어머니의 '거룩한 협박' _ 34
20대, 살아 계신 하나님을 만나다 _ 41
나의 '코드 원', 나의 하나님 _ 49

## Part 3 나를 살린 사랑의 매와 기적들

'가난한 천국' 신혼 시절 _ 86
한전에서 가장 많은 특혜를 누린 사람 _ 92
길을 막고 새 길을 여시는 하나님의 인도하심 _ 100

### Part 4 하늘 문을 열고 부어 주신 하나님

고통스러운 가난 중에도 함께하신 하나님 _ 114
나의 아버지, 재벌 하나님 _ 138


### Part 5 하나님 안에서 바르게 사는 법

주일 성수의 축복 _ 166
하나님이 주신 경영 철학 _ 171
두려움 없이 하나님만 절대적으로 신뢰하는 삶 _ 191
이 시대의 다니엘을 꿈꾸며 _ 203


### Part 6 하나님이 주신 또 하나의 비전

나의 동역자, 나의 가족 _ 216
하나님의 기적은 끝나지 않았다 _ 219


감사의 글 _ 226

프롤로그

# 약한 자를 들어
# 하나님의 일꾼으로 세우신 은혜

"With God nothing is impossible(하나님이 함께하시면 능치 못할 일이 없다)."

나는 평생 이 말씀을 가슴에 품고 살았다. 하나님은 불가능하다고 생각했던 모든 일들을 말씀대로 이루어 주셨다. 이 한마디 말씀은 세상에서 아무 희망도 없이 소위 '원조 왕따'로 살아온 내 삶을 송두리째 바꿔 놓았다. 나는 인간의 기준으로는 아무 곳에서도 쓰임 받을 수 없는 보잘것없는 인생이었다. 그런데 오직 하나님의 은혜로 뉴질랜드 땅에서 기적의 삶을 살게 되었다.

아들을 목회자로 바치겠다는 어머니의 서원을 무시하고 살다가 교통사고를 당해 죽을 고비를 넘긴 사건이 있었다. 그 후 서른여덟의 나이에 신학 공부를 하고자 미지의 땅 뉴질랜드로 갔다. 미래에 대한 두려움과 절망으로 가득했던 나에게 하나님은 한줄기 생명의 빛을 비추어 주셨다. 아무 가진 것도 없던 내가 수백억에 달하는 두 개의 빌딩과 영어 학교 그리고 뉴질랜드 최대 선교 센터를 하나님의 은혜로 설립하게 되었다. 더욱이 최근에는 대형 쇼핑몰과 크리스천 캠프장을 하나님께서 허락해 주셨다. 이 모든 사역을 통하여 전 세계 청년들을 변화시키시고 하나님을 향한 믿음이 쇠퇴하고 있는 뉴질랜드 땅에 하나님이 살아 역사하고 계심을 다시 한 번 보게 하셨다.

배경도 학벌도 능력도 없던, 그리고 직장 생활을 할 때까지만 해도 담대하지 못해서 사람들 앞에 서면 제대로 말도 못하던 이 나약한 자를 하나님은 들어 써 주셨다. 그리고 이제는 뉴질랜드를 넘어 세계 곳곳에서 하나님의 살아 계심을 증거하는 도구로 세워 주셨다.

"그러나 하나님께서 세상의 미련한 것들을 택하사 지혜 있는 자들을 부끄럽게 하려 하시고 세상의 약한 것들을 택하사 강한 것들을 부끄럽게 하려 하시며"(고전 1:27).

하나님은 나약한 자를 들어서 이 땅에서 가장 큰 뉴질랜드 선교 센터를 세우시고 성경 번역 선교 기관인 위클리프(Wycliff)를 비롯한 17개 세계 선교 기관들을 지원하게 하셨다. 또한 MEC(Mission English Course) 장학제도를 신설하여 지난 20여 년 동안 2,000여 명이 넘는 미자립 교회 목회자 자녀와 믿음의 청년들에게 영어 연수와 신앙 훈련을 시키게 하셨다.

나는 오래 전부터 간증집을 쓰라는 권유를 많이 받아 왔다. 그러나 하나님의 영광보다 내가 드러날까 두려워 쉽게 결단을 내리지 못했다. 그러자 하나님께서는 여러 사건을 통하여 책을 쓸 수 있는 마음을 허락해 주셨다. 이 책을 쓰면서 하나님께 얼마나 큰 은혜를 받았는지 다시 깨닫게 되었다. 나에게 임하신 하나님의 역사가 모든 크리스천들에게도 동일하게 나타날 수 있다고 믿는다. 이 책을 통하여 모든 이들이 신실하신 하나님의 크신 은혜와 기적을 체험하기를 간절히 소망한다.

# Part I.
## 하나님이 일하시는 곳, 뉴질랜드

Chapter 1

# '기적의 빌딩'에서 맺히는 복음의 열매

> 하나님께서는 이곳에 뉴질랜드에서 가장 큰 선교 센터를 세우시고 하나님께서 살아 역사하고 계심을 보여 주셨다. 많은 선교 단체들이 몰려왔다. 모두가 기적이 일어났다며 하나님을 찬양했다.

아름다운 땅 뉴질랜드, 가장 큰 도시 오클랜드의 남쪽 마누카우에는 두 개의 빌딩이 우뚝 서 있다. 사람들은 이것을 '기적의 빌딩'이라고 부른다. 지금도 세계 곳곳에 있는 많은 목회자들과 선교사들이 이곳을 방문한다. 살아 역사하시는 하나님의 증거를 직접 보기 위해서다.

이 빌딩에는 세계의 청년들을 믿음 안에서 교육하는 영어 학교가 있다. 또 한 번도 복음을 들어 보지 못했던 청년들이 변화되어 하나님을 찬양하는 아름다운 교회가 있다. 그리고 11개의 국제 선교 단체들이 함께 사역하고 있는 뉴질랜드에서 가장 큰 선교 센터가 있다.

많은 사람들이 이 놀라운 기적의 시작과 열매 맺는 과정을 보았다. 그들은 이렇게 묻는다.

"어떻게 구약 시대에 일어날 법한 일들이 지금 일어날 수 있나요?"

나는 자신 있게 대답한다.

"구약의 하나님이 지금도 동일하게 살아 역사하시기 때문이죠."

## 아름다운 학교, 오클랜드 에든버러 칼리지(AEC)
### —"하나님 나라 확장을 위한 선물"

오클랜드 에든버러 칼리지(Auckland Edinburgh College, AEC). 하나님께서 선물해 주신 우리 학교의 이름이다. 하나님의 학교인 이곳은 찬양이 끊이지 않고 선생님과 학생들이 사랑 안에서 천국을 꿈꾸는 곳이다. 선교하는 일에 앞장서고 영어를 즐겁게 배우며 뉴질랜드의 문화를 마음껏 누릴 수 있는 교육의 장이기도 하다. 하나님께서는 나에게 선교와 목회를 모두 맡기기 위해서 이 학교를 허락하셨다.

이 학교를 통해서 하나님은 세계 각국의 젊은 영혼들을 구원하고 계신다. 복음에 대해 한 번도 들어본 적이 없는 청년들이 이곳에서 하나님을 알게 되고 하나님의 자녀로 거듭나고 있다. 또 장학제도를 통해서 경제적으로 어려운 청년들에게 영어 연수의 기회를 주고, 신앙 훈련을 통해서 하나님 중심의 사람, 하나님의 축복을 받는 사람으로 거듭나도록 돕고 있다.

예전에 뉴질랜드의 한 영어 학교에서 부학장으로 일할 때, 형편이 어려워서 외국에 오지 못하는 청년들에 대해 생각했다. 특별히 하나님께서는 나에게 미자립 교회 목회자 자녀들을 안타까워하는 마음을 주셨다. 아버지가 목회자라는 이유로 주눅이 들어 있고 세상 사람들이 누리는 혜택을 누리지 못하고 좌절해 있는 그 자녀들을 마음에 품게 하셨다. 그래서 시작한 것이 '목회자 자녀 선교 장학생 제도'다.

하지만 초기에는 그 아이들의 신앙까지 돌보지는 못했다. 공부만 시켜 주면 된다는 생각으로 학비를 지원하고 오클랜드 내의 한인 교회와 연결해 주었다. 목회자 자녀이기 때문에 안심한 부분도 있었다. 그런데 홈스테이나 플랫(우리나라의 자취 개념)에서 생활하며 학생들은 재정적으로 힘들어 했고, 신앙적으로도 관리가 되지 않아 세상의 유혹에 쉽게 빠졌다.

방황하는 목회자 자녀들을 보니 공부보다는 올바른 신앙을 가르치는 게 더 중요하겠다는 생각이 들었다. 그 당시 내가 일하던 학교에는 중국 유학생들이 많았는데 복음을 들어 본 적이 한 번도 없는 학생들이 대부분이었다. 중국 정부의 고위 관리자들의 자녀라 공산당원이 많다 보니 하나님에 대해 전혀 몰랐다. 그런 중국 유학생들을 보자 복음을 전하고 싶은 마음이 간절해졌다. 그래서 한 명 두 명 전도하기 시작했다. 하지만 전도하고 복음을 전하는 것만으로는 부족했다. 주일마다 함께 예배드리며 신앙을 견고히 할 수 있는 교회가 필요했다.

복음을 전하고 그 열매를 보는 일은 기쁘고 즐겁지만, 남의 학교에서 전도하는 건 쉬운 일이 아니었다. 교직원들의 비아냥거림도 심했고, 믿지 않는 자들의 공격과 핍박이 만만치 않았다. 무엇보다 마음 아팠던 것은 중국 학생들에 대한 뉴질랜드 사람들의 태도였다. 당시의 교직원들과 교사들은 동양인인 중국 학생들을 무시하고 함부로 대할 때가 많았다. 그런 것들이 우리가 복음을 증거하는 데 큰 장애물이 되었다. 그래서 나는 그 학생들에게 복음을 전하면서 하나님의 사랑으로 위로하고 격려하려고 애썼다. 그리고 하나님께 마음껏 선교할 수 있는 학교를 달라고 간구했다.

지금 돌이켜 보면 하나님께서 나에게 학교를 허락하신 것은 하나님 나라의 확장을 위해서, 또 참사랑으로 중국을 비롯한 외국

하나님께서 기적으로 주신 두 개의 빌딩

학생들을 돌보시기 위해서였다. 우리 학교 교직원들은 한 영혼을 천하보다 귀하게 여기고 그들이 우리 학교를 통하여 복음을 영접할 수 있도록 마음을 다하고 있다.

우리 학교에서 빠질 수 없는 선교의 주역은 바로 선교 장학생들이다. 지난 11년 동안 장학 혜택을 받은 학생 수가 500명이 넘었다. 이곳에서 영어 연수를 받는 동안 그들은 살아 있는 예배를 체험하고, 각자의 삶 속에서 역사하시는 하나님을 만나며 영적인 성숙을 체험했다. 또한 다양한 경험을 통해 외국 친구들에게 하나님의 복음을 전하는 학생 선교사로서의 역할도 충실히 감당하고 있다. 그 과정 속에서 미래의 크리스천 리더로서의 조건과 세계로 뻗어 나갈 선교사의 자질을 갖추어 가고 있다.

우리 학교에서는 장학생들뿐 아니라 목회자와 예비 선교사들도 언어 훈련을 받을 수 있다. 실제로 선교에 참여하고 있는 현지인 선생님들과 함께 수업하면서 영어는 물론 생생한 복음 전파의 현장을 직간접적으로 체험할 수 있다. 또한 많은 예비 선교사들이 IELTS와 TESOL을 공부하고 있는데, 이를 통해 직접적인 선교가 불가능한 중국, 중동 등지에서 언더우드와 같은 세계적인 교육 선교사로 세워지고 있다. 영어 교육을 통해 세상의 빛과 소금이 되고자 하는 많은 청년들의 발길이 끊이지 않는다.

2009년도부터는 목회자 자녀뿐 아니라 선교에 소명을 가진 청년들에게도 선교 장학생 제도를 열어 놓았다. 지난 2010년부터는 믿음이 신실한 새터민 청년들도 영어 연수를 받을 수 있게 했다.

앞으로 1년에 200명의 학생들에게 장학 혜택을 주는 것이 나의 비전이다. 하나님께서는 그 여건을 만들어 가고 계신다.

이들은 하나님께서 허락하신 세 개의 장학관에서 공동체 생활을 하고 있다. 원래 장학관이 있던 거리의 이름을 따서 첫 번째 장학관은 '알톤', 두 번째, 세 번째는 '뉴알톤'과 '새알톤'으로 지었다. 여기에서 60여 명의 학생들이 하나님을 찬양하고, 말씀 속에서 초대교회와 같은 신앙 공동체의 삶을 살고 있다. 매일매일 드리는 예배와 하나님 중심의 경건한 삶을 통해 장학생들의 신앙이 커져 간다. 그리고 매주 외국 친구들을 초청해 하나님의 사랑을 나눈다. 이곳은 천국과도 같은 귀한 '복음 자리'다.

이 학교를 통해 많은 영혼이 하나님 앞으로 돌아오는 역사가 일어나고 있다. 오로지 하나님의 영광을 위해, '선교'라는 단 하나의 목적을 위해 세워진 이 학교가 영혼을 구원하는 도구로 쓰이는 것이 얼마나 감사한지 모른다.


### 사랑이 넘치는 오클랜드 인터내셔널 교회(AIC)
### −"4개 국어로 하는 청년 목회"

나는 목회에는 뜻이 없었다. 오로지 선교에만 매달렸다. 나의 성격과 단점을 잘 알고 있었기 때문에 용기가 나지 않았다. 이민 목회는 더더욱 자신 없었다. 더 나은 삶을 위해 모든 걸 포기하고 다른 나라에 온 이민자들을 믿음으로 이끌고 섬길 수 있을까. 그래서 목회보다는 선교에 더 마음을 두었는지도 모른다. 그저 하나님이 나의 작은 그릇을 알아주시길, 그에 맞는 사역만 허락하시기를 기도했다. 나를 지으신 하나님은 그런 나의 마음을 나보다 더 잘 아셨다. 하나님은 일반 목회가 아닌 유학생, 청년 목회의 길로 나를 인도하셨다.

사랑이 넘치는 교회, 오클랜드 인터내셔널 교회(Auckland International Church, AIC). 주중에는 학교로 쓰는 건물이 주일에는 제1예배당으로 바뀐다. 학생들은 공부하던 공간에 모여 예배를 드린다. 학교와 아웃리치를 통해 복음을 전해 들은 수많은 청년들이 모여 교회를 섬기고 있다.

뉴알톤 장학관 예배당에서

현재 우리 교회는 주일 오전에는 여러 나라 사람들이 함께 모여 예배를 드리고, 오후에는 나라별로 예배를 드린다. 함께 드리는 오전 예배에는 특별한 시간이 있다. 영어, 마오리어, 중국어, 일본어, 이란어 등 다양한 언어로 '좋으신 하나님(God is so good)' 찬양을 부르는 것이다. 같은 찬양을 여러 언어로 찬양하는 은혜가 가슴 벅차고 특별하다.

주일예배 말고도 수요일 성경 공부와 금요일 기도회, 토요일 기도회를 가진다. 주일예배, 주중 예배를 드릴 때마다 나는 우리 교회가 참으로 국제적이라는 것을 깊이 느낀다. 내가 한국어로 설교를 하면 예배당 뒤쪽에서는 중국어 통역이, 한쪽에서는 영어와 일본어 통역이 이어진다. 한 공간에서 4개 국어로 같은 말씀을 들을 수 있다는 것, 그 예배를 통해 외국인 학생들도 성령 안에서 함께 기뻐하고 은혜를 받을 수 있다는 것이 놀랍고 감사하다.

처음부터 이랬던 것은 아니다. 중국 학생들은 이런 학교 분위기에 반감을 가져서 에이전트에게 따지기도 했다. 나는 그들을 전도하고 싶은 마음에 장학생들을 훈련시켜서 학생 선교사로 활동하게 했다. 장학생들은 외국 아이들과 함께 수업도 듣고 이야기도 나누기 때문에 함께 교제하며 전도하면 좋을 것 같았다. 그러다 보니 처음에는 교회에 대해 거부감이 있던 학생들도 친구를 따라 자연스럽게 예배에 참석했고, 시간이 지나면서 믿음이 생겼다.

학교에 한글 교육반을 만들어서 함께 모여 한글을 공부하고, 수업을 마치면 집에서 준비한 불고기 백반을 나누어 먹기도 했다. 수백 명의 중국 학생들은 학교에서 많은 이들의 섬김을 받고 하나님의 사랑을 느끼면서 하나님을 알게 되었다. 그리고 이들이 예수님을 그리스도로 영접하는 역사가 일어나기 시작했다. 이들이 뉴질랜드 땅에 처음 왔을 때는 예수님이 누구인지, 기독교가 무엇인지도 몰랐지만, 이제는 하나님의 이름으로 우리를 축복한다.

이제 그들이 직접 예배를 인도하고 다른 중국 친구들에게 복음을 전한다. 이 모든 것을 행하시는 하나님의 역사가 얼마나 놀라운가! 중국 땅에서 핍박과 고난을 받으며 복음을 전하는 선교사들도 많은데, 나는 이런 복된 환경에서 많은 중국 학생들을 전도하고 열매를 볼 수 있으니 하나님께 감사할 수밖에 없다.

젊은 세대와 함께 미래를 꿈꾸는 교회. 아버지가 목회자라는 이유로 상처받고 방황하던 목회자 자녀들이 치유받고 변화되어 믿음의 가정에서 자란 것에 감사하며 감격하는 교회. 하나님을 모르고 뉴질랜드 땅을 밟았던 중국 아이들이 이제는 하나님의 이름으로 나를 축복해 주는 교회. 하나님께서 세워 주신 초대교회와 같은 이 아름다운 교회에서 나는 세상에서 가장 행복한 목회를 하고 있다. 학교와 교회, 장학 사업 모두 시작은 미약했지만 하나님께서는 날로 창대하게 하고 계신다.

## 하나님이 역사하시는 뉴질랜드 선교 센터(NZMC)
―"이 풍성한 복은 어디서 왔나요?"

뉴질랜드는 기독교 국가이며 세계에서 인구 대비 가장 많은 선교사를 파송하는 국가였다. 이들은 크리스천이라면 반드시 선교지에 다녀와야 한다고 생각했다. 이렇게 하나님 중심의 삶을 살았던 사람들이 이제는 하나님을 떠나고 있다.

지금 뉴질랜드는 크리스천이 전체 인구의 5퍼센트가 채 되지 않는다. 그래서 이곳에 있는 많은 선교 단체들이 열악한 환경 속에서 재정적으로 어려움을 겪으며 사역을 감당하고 있다. 성경 번역 선교를 하고 있는 위클리프(Wycliffe)는 사무실 근처에 가죽 공장이 있어서 직원들이 두통 때문에 일을 할 수 없는 상황에 처해 있었다.

하나님께서 나에게 이 빌딩을 주셨을 때, 먼저 선교 센터를 세워 하나님께 영광을 돌리고 싶은 간절한 마음이 있었다. 바다가 보이고 도시가 한눈에 내려다보이는, 전망이 아름다운 6층에 선교 센터를 마련하고 여러 곳에 흩어져 있던 선교 단체들을 초대했다. 많은 선교 단체들이 몰려왔다. 모두가 기적이 일어났다며 하나님을 찬양했다. 나는 이들이 어려움 없이 선교에 전념할 수 있도록 모든 관리 비용까지 책임지기로 했다.

처음에는 한 층에 네 개의 선교 단체가 들어왔는데 이제는 두 층에 열한 개의 선교 단체가 들어와 있다. 이들은 매주 함께 기도회를 하며 정보를 교환하고 더 효율적이고 전략적인 선교를 위해 힘쓰고 있다. 이곳에서 함께 사역하는 선교 기관은 〈Wycliffe Bible Translators〉(성경 번역), 〈Operation Mobilization〉(선교 동원 및 훈련, 로고스호 선교), 〈Mission Aviation Fellowship〉(항공 선교), 〈Precept Ministries〉(성경 연구), 〈Gospel Outreach International〉(국제 선교사 훈련 및 파송), 〈Teal Care〉(선교사 지원), 〈World Outreach NZ〉(세계 선교 사역), 〈Asian Outreach NZ〉(아시안 선교), 〈Barnabas Fund〉(미전도 지역 선교), 〈MECO〉(중동 선교), 〈NZCMS〉(뉴질랜드 교회연합 선교) 등이다.

하나님께서는 이곳에 뉴질랜드에서 가장 큰 선교 센터를 세우시고 하나님께서 살아 역사하고 계심을 보여 주셨다. 이 기적의 역사를 보기 위해 지금도 세계 곳곳의 선교사들이 이곳을 방문하

선교 센터에서 일하는 선교 단체 사람들과 함께

고 있다.

  많은 사람이 이 학교와 교회, 선교 센터에 대해 궁금해 한다. 부족하고 별 볼 일 없는 사람이 어떻게 이런 풍성한 복을 받게 되었는지에 대해서도 묻는다. 그래서 하나님이 어떤 경로를 통해 나에게 이 아름다운 학교와 교회를 선물해 주셨는지, 부족하고 흠이 많은 나를 어떻게 복 받을 만한 그릇으로 만지셨는지 이제부터 소개하고자 한다. 이 글을 통해 하나님이 영광 받으시고, 이 글을 읽는 당신의 삶이 변화되기를 기대한다.

# Part II.
## 하나님을 아는 것이 지혜의 근본

Chapter 2

# 어머니의 '거룩한 협박'

살을 에는 추위 속에서도 교인들에게 나눌 떡을 만들어서 머리에 이고 십 리 길을 걸어가시던 어머니. 그렇게 우리 칠 남매는 어머니의 신앙 교육 안에서 성장해 갔다.

**은혜의 태**
**—"아들을 주시면 하나님의 종으로 바치겠습니다"**

나는 1958년 경주 인근의 조그만 마을에서 2남 5녀 중 여섯째로 태어났다. 어머니 김성조 권사님은 3대째 내려오는 믿음의 집안에서 자란 독실한 크리스천이셨다. 경제적으로 어려운 환경 속에서도 철저하게 하나님 중심의 삶을 사신 분이다. 어머니는 자식 중에서 목회자가 나오기를 간절히 소망하셨다.

그래서 연속으로 딸 넷을 낳았을 때, 아들을 주시면 주의 종으로 바치겠다고 하나님 앞에 서원했다. 나를 낳은 후, 어머니는 은혜 '은(恩)', 태 '태(台)'라는 이름을 지어 주셨다. 은혜의 태, 즉 하나님의 은혜로 얻은 아들이라는 뜻이 담긴 이름이다. 그래서 나는 어릴 때부터 "너는 커서 목사가 돼야 한다, 그렇지 않으면 벌 받는다"라는 거룩한 협박을 받으며 자랐다. 어른이 되면 당연히 목사가 되어야 하는 줄 알았다.

1960년대 우리나라는 경제적으로 어려웠다. 우리 집도 몹시 가난했지만 어머니는 자녀들에게 가난에서 벗어나기 위해 공부해서 출세해야 한다고 말씀하지 않으셨다. 철저히 신앙 중심으로 자녀들을 교육하셨고, 매일 새벽 기도를 다니시며 자식들이 믿음 안에서 바르게 자라도록 기도하셨다.

초등학교에 다닐 때 나는 그야말로 천둥벌거숭이처럼 지냈다. 엿장수에게 고물을 갖다 주면 엿과 바꾸어 먹을 수 있었는데 그 재미에 푹 빠졌던 나는 학교에 도착하자마자 가방은 교실에 던져 놓고 온 동네를 돌아다니며 고물을 주으러 다녔다. 그러다 보니 성적은 언제나 바닥이었고 친구들과도 잘 어울리지 못했다. 가난하고 못생기고 공부까지 못했던 나는 학교에서 왕따였다.

하지만 어머니는 그런 나를 야단치거나 다른 아이들과 비교하지 않으셨다. 주일을 거룩하게 지키고 하나님을 삶의 주인으로 모시고 살아야 한다는 점만 강조하셨다. 그때 어머니는 십 리나 떨어진 옆 마을 교회를 개척해서 섬기고 계셨다. 복음을 들어 보지 못한 집들을 찾아다니며 사람들을 전도해서 세운 작은 교회였다. 살을 에는 추위 속에서도 교인들에게 나눌 떡을 만들어서 머리에 이고 십 리 길을 걸어가시던 어머니의 모습이 지금도 생생하게 기억난다. 어머니는 마을 사람들을 헌신적으로 돌보셨고, 매일같이 예배를 인도하고 돌아오셨다. 목회자가 된 나조차도 그때 어머니가 보이신 신앙과 믿음을 따라가지는 못할 것 같다. 그렇게 우리 칠 남매는 어머니의 신앙 교육 안에서 성장해 갔다.

어려운 환경 속에서 공부에 흥미를 느끼지 못했던 나와 달리, 형은 공부를 잘했다. 형은 시골에서 고등학교를 마치자마자 서울에 올라가서 고학했고 명문 대학에 입학했다. 형은 신문 배달과 과외를 하면서 동생들을 서울로 데려와서 공부시켰다. 나중에는 가족 전체가 서울로 오게 되었다.

그때 나는 중학교 1학년을 마친 상태였지만, 집안 형편이 어려워서 바로 학교에 다니지 못하고 쉬고 있었다. 그리고 1년 후 학업을 다시 시작했다. 학습능력은 떨어졌지만 하나님을 향한 믿음만은 아주 확고했다. 매일 새벽 기도에 참석했고 주일학교 교사로도 봉사했다. 전도를 얼마나 열심히 했던지 내가 맡았던 주일학교 아이들 수가 마흔 명이 넘었다.

어렵게 다시 학교에 다니게 됐지만, 워낙 기초가 부족해서 성적은 늘 하위권이었다. 고등학교에 진학한 후에도 꼴찌를 겨우 면하는 정도였다. 마음을 잡고 공부하려 했지만 기초가 전혀 없었기 때문에 공부를 하나 안 하나 결과는 마찬가지였다. 결국 이렇게 해서는 도저히 학업을 따라갈 수 없다는 결론을 내리고, 기초부터 다시 공부하고 싶은 마음에 고등학교 졸업을 1년 앞두고 학교를 그만두기로 결정했다. 그리고 독학으로 검정고시를 준비했는데 세 번 만에 겨우 합격했다. 그때 얼마나 마음고생을 심하게 했던

지 폭삭 늙었다. 어딜 가도 실제 나이보다 열살은 많게 보았다.

한번은 나보다 열세 살 많은 형 친구가 우리 집에 왔다가 나를 보더니 공손하게 인사를 했다. 영문도 모르고 나도 같이 인사를 했다. 나중에 알고 보니 내가 형인 줄 알고 인사를 했다는 것이다. 그 말을 듣고 얼마나 상처를 받았는지 모른다. 그때 늙어 보이던 것이 지금까지 이어져서 아직도 내 나이보다 다들 열 살은 많게 본다.

검정고시에 합격하고 스물세 살에 대학 입학시험을 치렀다. 또래 친구들보다 한참 늦은 나이였다. 독학으로 공부했기 때문에 성적이 신통치 않아 야간대학에 지원했다. 그런데 1차에 낙방했고 2차도 가능성이 없어 보였다. 대입에 실패하면 군대에 가야 하는 상황이었다. 군대를 제대하고 나면 대학에 갈 수 있는 기회가 다시 오지 않을 것 같아 마음이 절박해졌다. 그래서 잘 알려지지 않은 한 야간대학에 원서를 넣었다.

대학 지원 마지막 날, 아침부터 눈치작전을 펼쳤지만 가능성이 있는 학과는 보이지 않았다. 할 수 없이 지원율이 가장 낮은 학과에 원서를 넣었다. 그게 바로 '의상학과'였다. 지금과 달리 그때는 남자가 의상학과에 다닌다는 걸 상상도 할 수 없던 시절이었다. 그러나 대학에 들어가지 않으면 군대에 가야 했기에 선택의 여지가 없었다. 그러나 이곳 역시 떨어지고 말았다. 며칠 동안 낙담하고 있었는데 학교에서 전화가 왔다. 한 명이 등록을 하지 않아서 결원이 생겼다는 것이었다. 어찌나 기뻤는지 모른다.

입학은 했지만 여자들과 함께 바느질을 한다고 생각하니 눈앞이 캄캄했다. 그러나 나는 창피함을 무릅쓰고 학교에 갔다. 그런데 놀랍게도 의상학과에 남학생이 네 명이나 있었다. 그 친구들이 얼마나 반가웠는지 모른다. 그들은 모두 '앙드레 박', '앙드레 최'가 되기 위해 청운의 꿈을 품고 온 학생들이었다.

그 후로 나는 밤마다 재봉틀 앞에서 시간을 보냈다. 하지만 항상 작품을 만들지 못해서 쩔쩔맸고 과제 마감 때는 여학생들이 버린 실패작들을 주워 제출했다. 적성에 맞지 않아 대학 생활이 힘들었다. 하나님의 은혜로 2학년 때는 영문학과로 전공을 바꿀 수 있었다.

## 어머니의 믿음, 내 삶의 재산
### —"일평생 하나님을 두려워하고 주일 성수해야 해"

이 책을 쓰는 동안, 누군가가 내게 물었다.

"훌륭한 사람들 뒤에는 대부분 훌륭한 어머니가 있고, 그 어머니가 했던 유명한 말들이 있죠. 목사님의 어머니께서는 어떤 말씀을 하셨나요?"

그 사람은 아마도 성경 구절이나 멋진 잠언을 기대하는 것 같았다. 하지만 평소에 어머니가 하셨던 말씀은 안타까움이 섞인 경고였다.

"너, 목사 안 되면 벌 받는다."

어머니의 그 말씀은 정말 옳았다. 물론 매를 많이 맞은 후에 주의 종이 되기는 했지만, 어머니가 아니었다면 지금의 축복은 상상도 못했을 것이다. 하나님의 마음을 아프게 하는 아들로 평생 살았을지도 모른다.

어머니는 "공부 잘해서 좋은 대학 가라"라는 말 대신, "일평생 하나님을 두려워하고 주일 성수를 해야 한다", "하나님을 떠나서 살면 안 된다"라고 가르치셨다. 그만큼 어머니는 세상에서의 출세에는 관심이 없으셨고 오로지 자녀들이 하나님 뜻대로 살기만을 바라셨다.

지금 생각해 보면 경제적으로 부요한 것도 아니고 남편이 다정다감했던 것도 아니었는데, 어머니는 그런 어려운 삶 속에서 신앙 하나로 자녀들을 키웠다. 사랑으로 주위 사람들을 섬겼고, 일평생 참된 크리스천이 되기 위해 노력하셨다. 비가 오나 눈이 오나 십리 길을 전도하러 다니셨고, 교회를 개척한 후에는 교회를 위해서라면 그 어떤 것도 아끼지 않으셨다.

지금도 많은 농어촌 미자립 교회들이 그렇지만, 그때 어머니가 개척했던 교회도 교인들이 많지 않았다. 사람을 키워도 청년들은 다 도시로 가버렸기 때문에 어머니가 감당해야 했던 사역은 너무 외롭고 힘든 것이었다. 하지만 어머니는 교회를 사랑했고 교회를 위해 깊이 헌신하셨다.

어머니께서 농촌 교회를 개척하신 후 수십 년이 지났을 때, 울산에서 큰 교회를 맡고 계시는 목사님 내외가 어머니를 찾아온 일이 있었다. 사모님은 청년 때 그 농촌 마을에서 어머니가 전하는 복음을 들어 크리스천이 되었다고 했다. 지금은 수천 명이 모이는 교회를 섬기고 있는데 어머니를 통해 복음을 접하게 된 것이 너무 감사해서 은혜를 갚으려고 어머니를 찾아왔다는 것이다.

어머니의 기도 덕분에 우리 칠 남매는 어려운 환경 속에서도 바르게 자랄 수 있었다. 세상 눈으로 보면 공부도 제대로 못 시키고 뒷바라지도 넉넉하게 해주지 못한 무능력한 어머니일지도 모른다. 하지만 철저한 기도 생활을 바탕으로 가정을 꾸려 나가셨던 어머니의 굳은 믿음이 있었기에 지금의 나와 우리 형제들이 하나님 안에서 행복한 삶을 누리고 있다. 어머니는 가장 값지고 귀한 보물을 물려주셨다. 어머니의 믿음은 내 평생의 가장 큰 재산이다.

한 가지 안타까운 점은, 어머니의 마지막 말씀을 듣지 못한 것이다. 어머니가 쓰러지셨을 때 나는 뉴질랜드에 있었고, 소식을 듣자마자 급하게 귀국했지만 임종을 지키지 못했다. 어머니는 당신이 일평생 자녀들을 위해 기도하셨던 그 새벽 기도 시간에 가장 평안한 모습으로 하나님 품에 안기셨다. 나에게 우리 어머니는 내 평생 닮아 가야 할 믿음의 본이시며 고귀한 분이시다.

Chapter 3
# 20대, 살아 계신 하나님을 만나다

하나님과 점점 멀어질 때쯤, 나는 하나님께 오만한 요청을 드렸다. 정말 살아 계시다면 기적을 보여 달라고, 그러면 내가 하나님을 믿겠노라고.

### 회의 속에 경험한 하나님의 기적
### —"하나님, 정말 살아 계신가요?"

하나님의 은혜로 대학에 입학했지만 내 안에는 하나님에 대한 회의가 싹트기 시작했다. 어릴 때부터 신앙생활을 했기 때문에 예배에는 참석했지만, 실재하지 않는 하나님을 믿고 있는 것 같다는 생각이 자꾸 들어서 괴로웠다. 그렇게 하나님과 멀어지고 있을 때 나는 마음속으로 이렇게 요청했다.

'하나님, 정말 살아 계시다면 제게 기적을 보여 주세요. 그러면 하나님을 믿겠습니다.'

나의 기도는 오만했지만 하나님께서는 그러한 기도에도 응답해 주셨다.

어느 추운 겨울날 아침, 형의 차를 몰고 나갔다가 전봇대를 들이받았고, 그 다음 주에는 트럭을 들이받았다. 어머니와 가족들이 하나님께 회개하라고 충고했지만, 듣지 않았다. 하나님을 떠나 있어서 받는 벌이라고 인정하기 싫었다. 그 모든 상황을 외면하고 싶었다. 하지만 그로부터 일주일 후, 더 이상 가족들과 하나님의 경고를 외면할 수 없게 된 사건이 일어나고 말았다.

2월의 어느 날, 사업차 미국에 가는 형을 배웅하러 온 가족이 나섰다. 내가 운전대를 잡았고 가족들이 차에 탔다. 평소처럼 도로로 나가려고 후진을 하는데 돌이 걸렸는지 차가 꼼짝도 하지 않았다. 아무리 가속 페달을 밟아도 소용없었다. 나는 차를 앞으로 쭉 뺐다가 속도를 내서 다시 후진했다. 그제야 뒷바퀴와 앞바퀴가 요동을 치며 넘어갔다. 출발하려는데 사촌 자형이 다급한 목소리로 차를 세우라고 했다. 내려서 보니 17개월 된 여자아이가 피를 흘리며 도로 위에 쓰러져 있었다.

나는 순간 정신이 나가서 사람이 죽었다고 소리를 질러댔다. 차 바퀴가 아이의 머리 위를 지나갔기 때문에 살아 있다고 보기 어려운 상황이었다. 그런데 목사였던 사촌 자형이 아이를 보더니 아직 살아 있는 것 같다고 했다. 자세히 보니 피범벅이 된 아이가 눈을 깜박거렸다. 나는 아이를 태우고 인근에 있는 병원으로 황급히 차를 몰았다.

하지만 동네 병원 의사가 할 수 있는 일이라곤 피를 닦고 소독하는 것뿐이었다. 아이의 얼굴은 한쪽이 푹 파인 채 옆으로 휘어져 있었다. 아이가 입고 있던 겨울 외투는 차바퀴에 쓸려 갈기갈기 찢겨 있었다.

아이를 품에 안은 채 종합병원으로 가는 동안 나는 눈물을 흘리며 회개했다.

"이 아이를 아무 탈 없이 살려 주시면 주의 종이 되겠습니다."

간절하게 기도하던 중에 하나님의 말씀이 마음에 울려 퍼졌다.

"나는 너에게 감당하지 못할 시험은 주지 않겠다"(고전 10:13).

급박하고 불안한 상황 속에서 그 말씀은 큰 평안을 주었다.

아이의 상태를 본 의사의 표정은 심각했다. 적어도 사흘은 두고 봐야 생사 여부를 알 수 있을 거라고 했다. 그러나 하나님은 인간의 생각을 뛰어넘으셨다. 아이에게는 기적을, 못난 나에게는 긍휼을 베푸셨다. 아이가 3주 만에 정상적으로 회복되어 퇴원한 것이다. 어떤 과학적 이론으로도 이 기적을 설명할 수 없었다.

더 놀라운 것은, 그 일로 아이의 부모님까지 하나님을 믿게 되었다는 것이다. 엄청난 사고와 회개, 그리고 기적을 통해서 나는 하나님께서 살아 역사하고 계심을 깊이 깨닫게 되었고, 일생 동안 하나님의 종으로 살겠다고 다짐했다.

## 회심 후 바로 찾아온 시험
―"하나님을 포기하라고? 그냥 헤어지자"

대학생이 된 후에도 나는 못생긴 외모와 가난한 가정 형편 때문에 늘 위축되어 있었다. 여자 친구를 사귀어 본 적도 없었다. 그런데 차 사고가 사건이 있은 후, 교양 강의를 같이 듣던 미술학과 여학생과 교제하게 되었다. 너무 기뻤지만 이 여학생이 하나님을 믿지 않는다는 것이 항상 걸렸다. 나는 군에 입대하기 전에 이 여학생에게 꼭 복음을 전하고 싶었다.

입대를 며칠 앞둔 어느 날 그 여학생이 나를 찾아왔다. 군대에 가는 나를 기다려 줄 테니 제대하고 나서 결혼하자는 것이었다. 단, 결혼한 후에는 교회에 나가지 말라고 했다. 그 친구의 말을 들으니 기운이 쭉 빠졌다. 여자 친구가 생겨서 너무나 좋았는데 교회에 나가지 말라니. 교제하면서 여자 친구를 전도하려고 그렇게 노력했는데, 반대로 이 친구가 나의 신앙생활을 방해하다니!

마음이 아팠지만 나는 그 제안을 단호하게 거절했다. 사고를 통해서 하나님의 살아 계심을 체험했고 하나님을 떠나서 살 수 없음을 깊이 깨달았기 때문이다.

"너를 좋아하지만 하나님을 떠날 수는 없어."

예상하지 못했던 내 말에 충격을 받았는지 그 여학생은 한동안 말이 없었다.

"그럼 일요일에 대예배만 보고 와서 가족과 함께 시간을 보내는 건 어때."

그녀의 사촌 언니가 장로님 아들에게 시집을 갔는데 자신은 그렇게 교회에 매여 살고 싶지 않다는 것이었다. 나는 그 제안도 받아들일 수 없어서 그녀를 돌려보냈고, 그 일로 우리는 결국 헤어지게 되었다.

믿음을 지키기 위해 사랑을 포기하기는 했지만, 교제한 사람과 헤어진 것이 처음이라 이별의 상처와 아픔은 생각보다 컸다. 학교에 가면 그녀와 마주쳐야 하는데, 얼굴을 어떻게 봐야 할지 걱정이었다.

그런데 헤어진 다음 날 학교에 갔더니 그 여학생이 키 크고 멋진 남자와 팔짱을 끼고 걸어가는 게 아닌가! 믿기지 않는 광경을 보고 나도 모르게 두 사람의 뒤를 따라갔다. 두 사람이 지하에 있는 경양식 집으로 들어가는 걸 보고서야 정신이 들었다.

며칠 뒤 그 여학생을 불러내서 내가 본 상황에 대해 물어보았다. 그 여학생은 좀 놀라더니 "나는 원래 그런 여자야. 그러니까 신경 쓰지 말고 그만 잊어"라는 차가운 대답만 남기고 가버렸다. 그 친구의 태도에 나는 상심했고 그 후유증은 생각보다 오래갔다. 목사님을 찾아가 면담도 해보고 교수님, 친구들을 만나서 마음을 달래 보려 했지만, 밥도 못 먹고 불면증에 시달릴 정도로 괴로웠다.

그때 마지막으로 찾아간 사람이 바로 지금의 아내다.

## 하나님이 예비해 놓으신 사람
### —"믿지 않는 사람과는 만나지 않겠다"

아내는 내가 서울에 올라왔을 때부터 같은 교회에 다니던 교우다. 아내가 엄마와 동생의 손을 잡고 처음 교회에 들어오던 장면이 지금도 선명하게 떠오른다. 그때 아내와 처제는 노란색 코트를 입은, 얼굴이 하얗고 인형같이 예쁜 모습이었다. 아내는 장충동에 살다가 어린이대공원 근처에 있는 중학교로 배정을 받으면서 학교 가까운 곳으로 이사를 왔다. 불교 신자였던 할머니 밑에서 신앙생활을 자유롭게 하지 못했던 아내의 어머니가 분가한 후 두 딸을 데리고 집 근처에 있는 개척 교회에 온 것이다.

처음에는 아내가 대예배만 드리고 갔기 때문에 친해지기 어려웠다. 하지만 하나님의 섭리는 참 오묘했다. 얼마 후 우리 가정이 중곡동으로 이사를 했고, 아내의 가정도 중곡동으로 이사를 오게 되었다. 그러다 보니 동네에서 마주칠 일이 많아졌다. 버스에서 만나면 나는 몸이 약한 아내의 가방을 들어주었다. 가까이에서 이야기를 나눌 기회도 늘어났다.

시간이 지나면서 청년부 봉사나 주일학교 봉사도 함께하게 되었고 가끔 집에도 놀러 가는 사이가 되었다. 하지만 그뿐이었다. 그 이상의 관계는 기대하기가 어려웠다. 아내가 이성에 관심이 없기도 했고 서로의 가정환경과 형편이 워낙 달랐기 때문이다. 그래서 아내가 내게 교우 이상의 존재가 될 거라고는 생각하지도 못했다.

나는 실연의 아픔 때문에 아내를 찾아갔다. 그런데 하나님께서는 우리 두 사람을 이어 주시기 위해 또 하나의 사건을 예비해 두셨다. 이성에 관심이 없던 아내가 처음으로 형제를 소개받게 된 것이다. 미래가 촉망되는 카이스트 학생이었는데 그 학생이 하나님을 믿지 않는다는 걸 알고 아내는 바로 연락을 끊어버렸다고 한다.

그 후로 남학생은 매일같이 아내의 집에 찾아와서 한 번만 만나 달라고 애원했다. 그것을 본 아내의 어머니가 얼굴이라도 한번 비추라고 다독였지만, 아내는 "믿지 않는 사람과는 절대로 만나지 않겠다"라며 단호하게 거절했다. 그런 일이 있었는데 마침 나도 믿음을 지키기 위해 여자 친구와 헤어진 후 아내를 찾아간 것이다.

내가 신앙 문제로 여자 친구와 헤어지고 힘든 시간을 보내는 모습을 보자 아내는 나를 달리 보게 되었다. 그 일을 계기로 아내는 나에게 마음을 열었고, 우리는 이전보다 더 가까워졌다. 하나님께서는 내가 하나님을 전적으로 신뢰하고 경외하자, 나와 같이 하나님을 신뢰하고 경외하는 마음을 가진 사람을 만나게 해주셨다.

하지만 우리는 서로의 마음을 확인하자마자 헤어져야만 했다. 내가 공군에 입대하게 됐기 때문이다. 내가 군 생활을 하는 동안 우리는 믿음 안에서 편지를 주고받으며 아름다운 사랑을 엮어갈 수 있었다. 아내는 3년이라는 짧지 않은 기간 하나님의 말씀으로 나를 격려해 주었다. 아내가 보내 준 정성 어린 편지는 내게 큰 힘이 되었다. 성경 말씀으로 채워진 사랑의 편지들이 고된 훈련을 이겨낼 수 있는 원동력이 되어 주었고 신앙 때문에 겪는 고난을 견딜 수 있는 위로가 되어 주었다. 그 시절을 돌아보면, 아내에게 고마운 마음뿐이다.

그렇게 편지로 사랑을 키워 가던 중, 아내의 어머니가 우리 두 사람이 교제하고 있다는 사실을 알게 되었다. 나는 용기를 내어 아내의 부모님께 편지를 썼다. 우리가 믿음 안에서 진정한 사랑으로 교제하고 있으며 제대 후에 결혼하고 싶다고도 말씀 드렸다. 그러자 아내의 어머니는 '휴가 때 잠시 보자'는 내용의 답장을 보내셨다. 휴가를 나오자마자 떨리는 마음으로 아내의 어머니를 만나러 갔다. 하지만 결혼은 생각하지 말고 교회 안에서 좋은 친구로 만나라는 말만 듣고 돌아와야 했다. 우리 집안 사정을 다 알고 계셨고, 내가 앞으로 신학의 길을 갈 것을 아셨기 때문에 그런 입장을 보이시는 게 당연했다.

아마 다른 집이었다면 교제조차 허락하지 않았을지 모른다. 내 딸이었다면 나 역시 거세게 반대했을 것이다. 결혼을 허락하지는 않으셨어도 인품이 좋으시고 소박하신 분들이라 나에게 한결같이 잘해 주셨다. 아내는 가족들이 나를 탐탁하지 않게 여기는데도 변함없이 나를 기다려 주었다.

Chapter 4

# 나의 '코드 원', 나의 하나님

"도대체 누구 빽이야" 하고 물을 때마다 나는 이렇게 대답했다.
"세상에서 내가 가진 빽이라고는, 더플백뿐입니다.
그러나 내게는 삶 전체를 지켜 주시는 하나님 빽이 있습니다."

나는 군대 생활을 하면서 인생에서 하나님과 가장 친밀한 시간을 가졌다. 하나님은 내가 극한 고난과 핍박 속에서도 3년간 주일 성수를 할 수 있도록 역사하셨고, 군 복무 내내 눈동자처럼 나를 지키시고 보호하셨다. 이 순례자의 이야기를 나눌 수 있어서 감사하고 뿌듯하다.

나는 스물네 살이라는 늦은 나이에 군에 입대했다. 당시 공군의 복무 기간은 35개월이었는데 선임들은 모두 나보다 어리고 내 또래는 장교들뿐이어서 군 생활이 쉽지 않았다. 사실 나이 때문이 아니더라도 군대는 누구에게나 두렵고 힘든 곳이다. 그래서 많은 크리스천들이 군대에서 하나님을 체험하고 믿음이 견고해진다. 나도 그런 사람이다. 나는 군 생활을 통해 하나님께서 주일 성수를 얼마나 기뻐하시는지 깊이 깨달았다. 특히 핍박을 받으면서도 예배드리려는 마음이 흔들리지 않을 때, 너무나 기뻐하시고 사랑하심을 알 수 있었다. 나의 군 복무 시절, 하나님께서 역사하신 그 35개월은 한 편의 영화와도 같았다.

## 훈련소 생활
### —"기독교 환자, 모든 종교 행사 금지!"

군대에 입대하기 전에 하나님께 약속한 것이 있었다. 바로 '주일 성수'다. 어떤 상황이 와도 '죽으면 죽으리라'는 마음으로 주일을 온전히 예배로 섬기겠다고 서원했다. 그래서 훈련소에 있는 동안 생각한 것은 단 한 가지, '어떻게 주일 성수를 할 수 있을까'뿐이었다.

훈련소에서 맞게 된 첫 주일부터 시련이 있었다. 군대에서 처음 맞는 주일, 중대장은 모든 훈련병들을 연병장에 도열시켰다.

"오늘, 모든 종교 행사 금지. 기독교 환자, 천주교 환자, 불교 환자, 모든 종교 환자들은 종교 행사에 참여하지 말고 내무반에서 대기한다."

훈련소는 '신자'들이 '환자'로 취급받는 공간이었다. 예배 시간 직전에 이런 이야기를 들으니 머릿속이 하얘지고 불안해졌다. 친한 동기 중에 목사님 아들이 있었는데 키가 커서 내가 골리앗이라고 부르는 친구였다. 이런 상황에서 함께 교회에 가자고 할 수 있는 사람은 그 친구뿐이었다.

"같이 교회 가자."

그런데 이 친구는 단번에 거절했다.

"야, 미쳤냐? 내무반에서 대기하라잖아."

믿는 도끼에 발등 찍힌 나는 혼자 내무반에서 나와 무작정 교회로 갔다. 지금 생각하면 어디서 그런 용기가 나왔는지 모르겠다. 특별히 은혜가 넘치는 예배는 아니었지만 하나님의 성전에 와 있는 것만으로도 평안하고 행복했다. 그러면서도 한편으로는 내무반에 대한 걱정으로 불안하고 초조했다. 신병이 입대하자마자 상관의 명령을 어기고 무단으로 이탈했으니 후환이 얼마나 두려웠겠는가?

예배를 드린 후 떨리는 마음으로 내무반에 들어갔다. 그런데 사람들이 다 빨래를 하고 있는 게 아닌가! 다들 정신없이 바빠서 내가 없어진 것도 모르고 있었다. 하나님께서는 그렇게 첫 주일을 무사히 넘어가게 해주셨다.

그 후 어느 수요일 저녁, 수요 예배를 드리려고 당직 사무실에 허락을 받으러 갔다. 혼자 교회에 다녀온 나를 보고 마음이 찔렸던지, 골리앗 친구도 따라왔다. 혼자가 아닌 둘이라 자신만만했지만 당직을 서고 있던 중사의 얼굴을 보는 순간, 소름이 쫙 끼쳤다. 새하얀 오각형의 얼굴, 하늘을 찌를 듯 위로 올라간 실눈이 우리를 매섭게 째려보았다. 마치 납량 특집 드라마에 나오는 사람 같앉다.

"왜 왔어?"

그의 살기 어린 질문에 골리앗은 그대로 얼어서 아무 말도 못하고 벌벌 떨었다. 나는 두려웠지만 큰소리로 외쳤다.

"필승! 이은태 외 한 명, 교회 다녀오겠습니다."

"이 자식들이 정신이 나갔나? 빨리 들어가!"

마 중사가 잡아먹을 것처럼 눈을 부라렸다.

"저희는 꼭 교회에 가야 합니다!"

"뭐? 교회? 죽기 전에 빨리 안 꺼져!"

이 한마디에 골리앗은 내무반으로 돌아가자고 울먹거렸다. 하지만 나는 물러서지 않고 교회에 가야 한다고 단호하게 말했다. 당돌하게 외치는 내 모습을 본 마 중사가 갑자기 눈의 힘을 풀었다.

"야, 이 자식아. 너 그렇게 교회 가고 싶으면, 열 명 데려와 봐. 열 명!"

"네, 알겠습니다."

교회에 갈 수 있다는 말에 나는 아무 대책 없이 내무반으로 달려갔다. 고된 훈련으로 지쳐 곯아떨어진 내무반 동료들을 떠 올리자 걱정이 되었다. 이 밤에 누가 나를 따라서 교회에 갈까. 그러나 하나님은 역사하셨다.

"얘들아, 나랑 같이 교회 가자. 지금 열 명이 모여야 교회에 갈 수 있어."

내가 다급하게 부탁하자 불교, 천주교, 심지어 남묘호렌게쿄를

믿고 있던 친구들까지 눈을 비비며 일어났다. 모두 열두 명이었다.

"훈련병 이은태 외 열두 명, 교회 다녀오겠습니다!"

그 모습을 본 마 중사는 놀라서 얼굴이 더 하얗게 됐고, 열세 명의 훈련병들은 "내게 강 같은 평화, 내게 강 같은 평화, 내게 강 같은 평화 넘치네" 찬양을 부르며 교회에 갔다. 하나님을 믿지 않는 친구들까지도 모두들 신나게 교회에 갔다. 하나님께서 함께하신 기적의 밤이었다.

하나님은 그렇게 예배에 참석하는 기쁨을 허락하셨고, 나는 기본 군사훈련 4주와 특기 교육 6주의 훈련병 생활을 하면서 주일예배에 모두 참석할 수 있었다. 하나님의 은혜가 아니라면 이 놀라운 일들을 어떻게 설명할 수 있을까?

### 공군본부로 자대 배치
### —"상병 이상 집합!"

훈련이 끝난 후 나는 서울에 있는 공군본부로 배치받았다. 지금도 그렇지만 공군 소속 군인들은 대부분 지방으로 배치를 받는다. 공군은 북한군 비행기의 움직임을 파악하기 위해 산꼭대기에 올라가 하루 종일 레이더만 지켜보고 있어야 하는 '산신령'이 되는 경우가 허다했다.

서울 공군본부로 배치 받으면 산신령이 되지 않아도 되고 2주마다 한 번씩 외박도 할 수 있었다. 그래서 공군 훈련병들에게 공군본부는 꿈의 부대였다. 공군본부로 가는 날, 공군본부로 배치를 받은 훈련병들이 탄 기차 안은 영등포역까지 가는 내내 축제 분위기였다.

나도 공군본부에 배치되어 기쁘고 좋았지만 머릿속에는 한 가지 생각뿐이었다. 당장 서울에 도착하면 주일인데 배치받은 첫날, 부대에 가자마자 과연 교회에 갈 수 있을까. 걱정이 돼서 서울에 도착할 때까지 한숨도 자지 않고 기도만 했다.

드디어 서울에 도착해 더플백(군용 배낭)을 메고 열차에서 내리는데, 사방에서 주먹이 날아오고 구둣발이 옆구리를 걷어찼다. 공군본부로 우리를 데려갈 고참들이었다.

"이 자식들! 군기가 빠졌구나. 각자 더플백 입에 물고 대방동까지 기어간다, 실시!"

더플백은 등에 지고 다녀도 무거운데, 입으로 물고 가라니. 이렇게 험한 고참들 밑에서 군 생활하면서 주일 성수는 어떻게 하나, 이제 교회는 다 갔구나 싶었다.

나는 운전병으로 지원했기 때문에 수송대에 배치받았다. 수송대에 도착하니 주말이라 고참들이 대부분 외박을 나가서 사람이 많지 않았다. 그때 주번 사감으로 있던 상병이 밤새 열차를 타고 오느라 피곤할 테니 좀 자두라고 했다. 상병의 얼굴이 선해 보여서 나는 용기 내 부탁했다.

"제가 크리스천인데요. 오늘 주일이라 교회에 꼭 가야 합니다.

교회에 갈 수 있게 도와주십시오."

"그래? 나도 천주교인이야. 일단 좀 쉬고 있어. 이따가 내가 교회 가게 해줄게."

일단 내무반에 들어와 누웠지만 잠이 오지 않았다. 결국 예배 시간이 될 때까지 한숨도 못 자고 다시 그 상병에게 갔다. 그러자 상병이 일병을 붙여 주며 같이 교회에 다녀오라고 했다. 그렇게 자대를 배치받은 첫 주일은 무사히 넘겼다. 그런데 외박을 나갔던 고참들이 속속 돌아오면서 부대 분위기가 살벌해져 갔다.

나의 직속 고참은 두 달 먼저 수송대로 온 사람이었다. 나이가 나보다 어렸는데 나를 매일 화장실 뒤로 끌고 가서 욕을 퍼붓고 두들겨 팼다. 교회에 간다는 이유 때문이었다. 하지만 나는 맞으면서도 오뚝이처럼 일어나 "교회에 가야 합니다"라고 말했다.

구박을 받으며 힘들게 교회에 다니던 어느 날, 수요 예배에 가기 위해 당직 사병을 찾아갔다. 병장인데 인상이 얼마나 무섭던지 뱀파이어가 연상될 정도였다. 독기를 품은 눈빛과 입술 사이로 보이는 은 이빨. 그래도 훈련소 시절에 마 중사를 꼼짝 못하게 했던 하나님을 기억하며 보고를 시작했다.

"필승! 이은태 이병. 교회 다녀오겠습니다!"

그랬더니 이 병장이 나를 한 번 쨰려보고는 마이크를 켰다.

"상병 이상 집합."

그 말은 부대 내 모든 내무반으로 방송되었고, 하늘같은 상병들이 총알처럼 달려와 내 앞에 일렬로 섰다.

"이 자식들! 도대체 신병 교육을 어떻게 시키는 거야! 다 박아!"

내 앞에서 고참들이 시멘트 바닥에 머리를 박고 엎드렸다. 그것도 모자라 병장은 엎드려 있는 상병들을 구둣발로 걸어찼다.

"신병 교육 제대로 시켜. 앞으로 한 번만 더 이런 일 있으면 그땐 다 죽을 줄 알아, 알았어? 해산!"

악몽 같은 시간이 지나고, 나는 내무반 고참에게 끌려갔다. '이제 죽었구나' 생각하고 서 있는데, 하나님께서 그 마음을 움직이셨는지 고참이 딱 한마디만 했다.

"앞으로 1년 동안 교회 나가지 마라. 또 교회 가면 죽는다."

다행히 매도 맞지 않고 험한 소리도 듣지 않았지만, 그날 밤 나는 한숨도 잘 수가 없었다. 밤새 기도밖에 나오지 않았다.

"하나님, 제발 교회 가게 해주세요. 어떤 일이 있더라도 교회 가게 해주세요."

## 국방부로 전출
### ―"날개, 또 교회 가"

다음 날 아침, 수송대에서 갑자기 나를 찾았다. 영문도 모르고 사무실에 갔더니 우리 부대에서 '백사'라고 부르는 감독관 준위가 앉아 있었다.

"너, 국방부 갈래?"

백사의 물음에 나는 속으로 '할렐루야! 이제 교회에 갈 수 있겠구나' 하고 쾌재를 불렀다. 하나님께서 교회에 보내려고 나를 다른 곳으로 옮기시는 것이라는 생각이 번뜩 들었기 때문이다.

그래서 바로 가겠다고 대답했다. 내가 문밖으로 나오자 고참들이 물었다.

"야, 백사가 뭐라 그러냐?"

"국방부 가라는데요."

"그래서 뭐라 그랬냐?"

"간다고 했습니다."

"너 미쳤구나. 국방부 가면 죽어. 당장 다시 가서 안 간다고 그래, 빨리!"

죽는다는 말에 겁이 나서 다시 백사를 찾아갔다.

"저, 국방부 못 가겠는데요."

"뭐? 이미 발령 났어. 빨리 가서 짐이나 싸, 이제 국방부에서 너 데리러 올 거야. 빨리 가서 짐 싸!"

국방부에는 육군이 대부분이라 파견된 타군에게는 텃세가 심했다. 내가 갔을 때도 보자마자 "야, 날개, 이리 와 봐. 너 몇 살이야? 왜 이렇게 늙었어? 마흔 살은 돼 보이네" 하며 놀려댔다. 그들은 공군을 날개, 해군을 물개라고 불렀고, 그에 대항해서 공군과 해군은 육군을 땅개라고 불렀다.

얼마나 고생이 심했으면 '국방부에 있느니 차라리 공군 감옥에 있는 게 낫다'며 국방부 차를 몰고 공군본부로 돌아온 후 탈영했다고 자수한 사람도 있었다.

　국방부의 수송대는 사회에서 트럭을 운전하던 친구들이 모인 곳이라 분위기가 거칠었다. 공군뿐 아니라 육군, 해군들과 함께 있는 특수한 상황이라 적응하기도 어려웠다. 그런 생활 속에서 교회에 가기란 쉽지 않았다. 육군 소속 고참들은 주일만 되면 관물 정리를 했다. 쏘지도 않는 총을 꺼내서 분해하고 쑤시고 닦고 기름칠을 하며 열심히 청소를 했다. 그런데 공군에서 온 졸병이 "교회 다녀오겠습니다" 하고 가버리니, 그들 눈에서는 불이 날 수밖에 없었다.

　교회 간다고 구박을 받아도 나 혼자 받으니 마음은 차라리 편했다. 국방부에 오기 전 공군본부에서 나 때문에 하늘같은 상병들이 구둣발로 차이는 광경을 본 나로서는 나 혼자 당하는 핍박이 오히려 나았다.

　마침 내무반에서 가까워진 병장이 한 명 있었는데, 내가 나이도 많고 너무 간절하게 예배드리기를 소원하니 많은 도움을 주었다. 그 병장의 도움으로 교회에 갈 수는 있었지만 나를 보는 사람들의 눈빛이 심상치 않았다. 3주쯤 지나서 병장이 나를 옥상으로 불렀다.

　"앞으로는 교회에 가지 않는 게 좋겠다. 너를 계속 도와주려고 했는데, 내무반에서 회의를 해서 더 이상은 그럴 수가 없게 됐어. 앞으로 교회에 가는 일로 내무반에서 무슨 일이 생기면 난 책임 못 진다."

마음이 너무 아팠지만 병장의 사정도 있으니 더 부탁할 수가 없었다. 그 주 내내 내무반의 모든 관심은 내가 교회에 가느냐 마느냐에 있었다. 모두가 눈에 불을 켜고 이를 갈며 나를 주시했다. 주일은 점점 다가오는데 너무 초조하고 두려웠다. 그런데 이상하게 "하나님, 공군본부로 돌려보내 주세요"라는 기도는 나오지 않았다. 그저 훈련소에서 다짐했던 대로 '죽으면 죽으리라'라는 마음으로 어떻게든 국방부에서 버텨 보고 싶었다.

대신 마음에 소원이 하나 생겼다. 국방부 식당에 특이한 상병이 있었다. 나처럼 공군에서 파견되었는데, 국방부 생활이 워낙 힘들어서인지 식당에서 밥을 퍼주면서 중얼중얼 쉬지 않고 욕을 하기로 유명했다. 그런데 어느 날 갑자기 그 상병이 보이지 않았다. 궁금해서 사람들에게 물어보았더니 '신장결석증'으로 국군수도통합병원에 후송되었다는 것이다. 그리고 회복한 후에는 공군본부로 돌아갔다고 했다.

신장결석증. 이상하게 그 단어가 마음에 들었다. 그래서 계속 '신장결석증에 걸리면 공군본부로 돌아갈 수 있을 텐데'라는 생각만 하게 되었다. 그러는 동안에도 시간은 주말을 향해 달려갔다. 내무반 고참들은 교회에 가는 나를 어떻게 잡을까 머리를 굴렸다.

드디어 토요일 아침, 내일이면 죽든지 살든지 믿음의 결단을 내려야 하는 상황이었다. 오전에는 업무 때문에 국방부 군무원과 시내에 나갔다. 한참 차를 운전하며 가는데 옆구리가 참을 수 없이 아파 오기 시작했다. 너무 아파서 몸이 자꾸 한쪽으로 기울어졌다. 그 상태로 운전을 하자 군무관이 놀라서 눈을 동그랗게 떴다.

"야, 야. 너 왜 그래?"

"아…… 아…… 옆구리가 너무 아파서 안 펴져요."

"안 되겠다. 일이고 뭐고 빨리 병원부터 가자!"

결국 나는 펴지지도 않는 몸으로 핸들을 돌려 국방부로 돌아왔고, 도착하자마자 바로 의무실로 갔다.

## 국군수도통합병원 입원
### —"꿈에도 그리던 신장결석증"

군의관은 나를 이리저리 살펴보더니, 서두르지 않으면 죽을지도 모른다며 급히 구급차를 불렀다. 나는 국군수도통합병원 응급실로 후송되었다. 그곳은 여러 후송병원을 거친 군인들이 죽기 전에 가는 곳이었다. 그날 밤 나는 사경을 헤맸다. 열이 40도가 넘어 몸이 부글부글 끓었고, 눈을 떠도 앞이 보이지 않았다. 당직 군의관이 밤새 이곳저곳을 진찰하더니 자신 있게 '스톤(stone)'이라고 외쳤다. 내가 그렇게 소원했던 '신장결석증'에 걸린 것이다.

그런데 아무리 사진을 찍고 살펴봐도 돌이 보이지 않았다. 분명히 증상은 '신장결석증'인데 돌이 보이지 않으니 진찰을 하던 군의관이 굉장히 당황스러워 했다. 그리고 월요일 아침이 되자 응급실에 난리가 났다.

"이 자식들, 이틀 동안 뭘 한 거야! 어떻게 병명 하나 못 알아내서 이러고 있어! 정신이 있는 거야? 없는 거야"

고참 군의관이 당직 군의관에게 소리를 질렀다. 소령인 내과 과장이 당장 나를 내과에 입원시키라고 명령했다. 그렇게 나는 입원 병동으로 옮겨졌다.

사람은 죽어 가고 병명은 찾아야 하니 군의관들은 마음이 급해져서 나를 붙들고 검사란 검사는 다 했다. 그런데도 몸에는 아무 이상이 없었다. 그렇다고 그냥 둘 수는 없었는지, 나는 24시간 내내 누워서 링거만 맞았다. 다음 날이 되자 열이 깨끗이 내렸다. 하지만 나는 아직도 '내과 관찰' 대상이었기 때문에 퇴원할 수도 없었다. 그래서 하루에 네 병씩 한 달 반 동안 150병 이상의 링거를 맞으며 병원에서 지냈다.

국군수도통합병원 내과의 입원 병동에는 이제 곧 세상을 떠날 군인들만 있었다. 환자 카드에는 군번, 성명, 병명이 적혀 있었는데, 대부분 백혈병 내지는 암이었다. 하나님을 알지 못한 채 내과에서 죽어 가는 청년들을 보니 너무 마음이 아팠다. 그곳에 있는 환자들에게 복음을 전해야겠다는 생각이 강하게 들었다. 죽기 직전인 사람들이라 복음이 더욱 귀했다.

지금도 잊을 수 없는 한 사병이 있다. 동해안 경비 사령부에서 근무했던 구성회라는 열아홉 살의 청년이다. 그는 백혈병에 걸려 마지막 순간을 기다리고 있었다. 당시 내과 입원실 한쪽에는 별실이 있었는데 환자들은 병세가 악화되면 그곳으로 옮겨졌다. 그 방으로 간 환자들은 대부분 사흘 안에 세상을 떠났다. 구성회라는 청년은 내과 입원실에 오자마자 그 방으로 들어갔다. 그만큼 위독했던 것이다. 나는 매일 그를 찾아가서 기도해 주고 복음을 전했다. 복음을 받아들인 후로 그 친구는 내게 자주 성경을 읽어 달라고 하기도 하고 기도도 부탁했다. 어렸을 때 교회에 다닌 적이 있다면서 하나님에 대해 알아 가는 그 시간을 참 좋아했다. 자신을 면회하러 온 불교 신자인 누나에게 꼭 교회에 나가야 한다며 신신당부하기도 했다. 그리고 며칠 뒤에 그 친구는 세상을 떠났다.

그곳에 있는 동안 나는 많은 사람에게 복음을 전하고 그들이 하늘나라에 가기 전에 구원을 받게 하려고 애썼다. 주일이 되면 휠체어를 끌어 주며 그들을 교회로 인도했다. 감사하게도 그 짧은 시간 동안 많은 이들이 주님을 영접하고 교회에 출석했다. 병원에 있는 교회에서 나에게 전도상을 줄 정도였다.

하지만 복음을 증거하는 곳에는 언제나 핍박이 있기 마련이다. 살 날이 얼마 남지 않은 중환자들이 뼈만 남은 얼굴로 악을 쓰면서 나에게 "한 번만 더 전도하면 죽여 버리겠다"라고 말하며 폭력과 협박을 멈추지 않았다. 하지만 하나님께서 주시는 새 힘과 용기로 계속 전도하면서 병원 생활을 이어 나갔다.

입원한 지 한 달 반이 지났을 때 내과 의사가 나를 불렀다.

"그동안 너 아프지 않았다는 거 다 안다. 근데 네가 졸병이고 군 생활을 너무 힘들게 한 것 같아 편하게 지내라고 그냥 두었던 거다. 이제는 퇴원하고 복귀해라."

'내과 관찰'이라는 카드를 달고 한 달 반 동안 편하게 생활했고, 그 시간을 복음 전하는 데 사용할 수 있었으니 정말 감사한 일이었다. 게다가 이제는 공군본부로 돌아갈 수 있다는 생각에 설레기까지 했다. 하나님께 감사 기도를 드리며 나는 한 가지 기도 제목을 더 추가했다. 그건 바로 공군본부로 돌아가게 되면 공군본부 안의 병원(항공의학연구원, 이하 항의원)에서 근무하면서 복음을 증거할 수 있게 해달라는 것이었다.

## 국방부 원대 복귀
### —"공군본부로 보내 줘요"

원대 복귀를 증명하는 서류를 들고 병원 문을 나서는 발걸음은 참 가벼웠다. 그런데 이게 무슨 일인가? 서류에는 내가 복귀하는 곳이 국방부라고 적혀 있는 것이 아닌가? 또다시 주일 성수 때문에 길고 긴 싸움을 해야 한다는 사실에 눈앞이 캄캄했다. 그렇다고 돌아가지 않을 수도 없었다.

일단 국방부로 가서 중대장을 찾아가 사정을 이야기했다. 몸이 안 좋은데 공군본부로 돌아갈 수는 없는지 물었더니, 지금은 운전병이 부족해서 어쩔 수 없다고 했다. 그러면서 공군본부 병원에 가서 진단서를 끊어 오면 다시 돌아갈 수 있다고 했다.

진단서를 끊을 수 있는 가능성은 전혀 없었지만 일단 공군본부에 있는 병원으로 갔다. 정형외과를 찾아가 허리에 통증이 있으니 물리치료를 받을 수 있게 진단서를 끊어 달라고 했더니 의사가 "지금 나보고 허위 진단서 만들라는 거냐"라며 소리를 질렀다.

낙심해서 병원 화단에 앉아 있는데 내 옆을 지나가던 사람이 "야, 너 국방부 갔던 놈 아니냐" 하며 나를 알아보았다. 공군본부 병원 수송대를 담당하던 상사였다.

"너 왜 여기서 이러고 있어?"

"아, 제가요. 사실은……."

나도 모르게 그 사람에게 국방부로 원대 복귀하게 된 사정에 대해 이야기했다. 그랬더니 상사가 기다려 보라고 하고는 병원으로 들어가서 2주짜리 물리치료 진단서를 가지고 나왔다. 너무 기뻐서 인사를 하고 당장 국방부로 달려갔다. 하지만 진단서를 본 중대장의 반응은 시큰둥했다.

"야, 이거 가지고는 공군본부 못 가. 몇 개월도 아니고 겨우 2주잖아. 그냥 여기서 왔다 갔다 하면서 치료 받아. 이런 건 위로 올라가도 결재가 안 나."

어쩔 수 없이 다음 날 나는 그 중대장과 함께 수송대 대대장에게 가서 원대 복귀했다는 보고를 하게 되었다.

"이은태 이병, 국군수도통합병원에서 퇴원해 국방부로 원대 복귀하였습니다. 그런데……."

보고가 끝난 줄 알았는데 중대장이 계속 중얼거리며 보고를 이어갔다.

"그런데 이은태 이병은 몸이 매우 안 좋고 심각한 상태라 공군 본부 병원에서 계속적인 치료가 필요합니다. 빨리 치료받지 않으면 위험합니다."

순간 나는 성령께서 그의 입술을 주장하고 계심을 느꼈다.

"아니, 죽을 애를 왜 데려왔어? 빨리 공군본부로 복귀시켜!"

대대장의 명령에 중대장은 내가 공군본부로 복귀할 수 있도록 서류를 준비해서 국방부 인사과로 데려갔다. 원대 복귀 허가서를 제출했는데 서류를 검토하던 인사 담당 중위가 대위인 중 대장에게 갑자기 소리를 지르기 시작했다.

"지금 뭐 하자는 겁니까! 운전병이 70명이나 부족한데, 공군 본부로 원대 복귀라니요!"

"애가 몸이 좀 안 좋아서……."

"그럼 행정병으로 바꿔서 근무시키든가 하세요!"

계급이 법인 군대에서 중위가 대위에게 명령을 하다니, 인사과의 힘이라는 게 대단하긴 한 모양이었다. 소리를 지르던 중위는 급기야 서류를 집어던졌다.

'이제 다 끝났구나.'

공군본부로 돌아갈 수 있다는 꿈으로 부풀었던 나는 땅에 떨어진 서류를 보며 낙심했다. 그런데 갑자기 중위 옆에 앉아 있던 한 군무원이 벌떡 일어났다. 가죽점퍼를 입은 풍채 좋은 아저씨였는데 실내에서도 선글라스를 끼고 있었다.

"야, 너 애가 누군지 알아?"

군무관이 갑자기 중위에게 소리를 꽥 질렀다.

"얘, 곧 죽을 애야. 알기나 해? 제대로 치료 못 받고 죽으면 네가 책임질 거야? 이 자식이 어디서 싸가지 없게······."

평소 중위에게 좋지 않은 감정이 있었는지 군무관은 쉴 새 없이 퍼부었다. 계속되는 군무관의 질책에 기세등등하던 중위도 풀이 죽어 결국은 바닥에 떨어진 서류를 주섬주섬 주웠고, 원대 복귀를 허가하는 도장을 찍어 주었다. 참으로 놀라운 일이었다.

그런데 더 놀라운 건 중위를 야단치던 그 사람이 누군지, 왜 나를 도와줬는지 지금까지도 모른다는 것이다.

### 항공의학연구원 수송대 발령
### —"하나님, 항의원으로 보내 주세요!"

하나님께서는 그렇게 많은 이들을 움직이셔서 나를 공군본부로 보내셨다. 은혜와 기적 속에 공군본부로 돌아와 보니, 내가 가고 싶어 했던 본부 병원 수송대 인원이 이미 꽉 차 있었다.

하는 수 없이 수송대에서 대기만 하고 있었다. 그때 공군 법무관인 대령을 모시고 사흘간 운전할 일이 생겼다. 원래 운전을 하던 운전병은 그의 할머니가 돌아가셔서 장례를 치르러 갔기 때문이었다.

그 법무관은 인품이 참 훌륭했는데 알고 보니 하나님을 신실하게 믿는 분이었고 공군본부 교회의 집사님이었다. 사흘 동안 저녁마다 나를 관사로 데리고 가서 사모님이 하신 밥을 대접해 주셨다. 그러고는 하나님께서 나를 보내 주신 것 같다며 대령 운전병으로 근무하면 참 좋겠다고 하셨다. 그분의 호의는 감사했지만 하나님 앞에 서원한 것이 있기 때문에 병원에서 꼭 근무를 해야 한다고 정중히 말씀드렸다. 그리고 도와달라는 부탁까지 했다.

법무관은 내가 품은 전도의 마음을 보시고 도와주겠다며 흔쾌히 약속하셨다. 그래서 나는 마음을 졸이며 발령을 기다렸다. 얼마 지나지 않아 수송대 감독관실에서 나를 찾았다. '전에는 국방부로 가는 것이었지만 이제는 항의원으로 가는구나' 하며 신나서 감독관실 문을 여는데, 어디선가 주먹이 날아와 얼굴을 후려쳤다.

"이 자식이! 졸병 주제에 어디 벌써부터 청탁을 하고 난리야. 한 번만 더 그러면 죽을 줄 알아!"

실컷 얻어맞고 나니 눈물이 쏟아졌다. 그때 교회로 달려가서 얼마나 울었는지 모른다. 울면서 기도하고, 피아노 치며 찬양하고, 또 엎드려 기도하기를 반복했다. 그렇게 하루 종일 교회에서 시간을 보냈다.

저녁 시간이 되어 터벅터벅 식당으로 걸어가는데, 나를 발견한 고참들이 한걸음에 달려왔다.

"도대체 어디 있었던 거야? 너 찾는 방송이 수백 번도 넘게 나왔는데 못 들었어?"

"빨리 백사한테 가봐."

이건 또 무슨 일인가 싶어서 부리나케 수송대 감독관실로 달려갔다. 문을 열고 들어가자 백사가 나에게 소원대로 항의원 수송대로 발령이 났으니 가라고 했다. 영문을 알 수 없는 발령이었다.

## 믿음의 시련
### —"박 병장 제대하는 날이 네 제삿날이야"

사건의 전말은 이랬다. 공군 병원에서 만나 나에게 진단서를 끊어 준 병원 수송대 책임자 강 상사가 내가 백사에게 얻어터지는 장면을 보게 된 것이다. 사정이 궁금했던 강 상사는 백사에게 자초지종을 전해 듣고 백사를 설득하기 시작했다.

"아이고, 형님. 그렇게 병원에 오고 싶다는데 좀 가게 해주지, 왜 그렇게 애를 잡습니까? 내가 다 책임질 테니 그냥 데려가게 해주세요."

친분이 없는 건 둘째 치고 잘 알지도 못하는 강 상사가 나를 왜 그렇게 감쌌는지는 아직까지도 모르겠다. 그저 하나님의 은혜고 하나님께서 역사하셨다는 것 외에는 설명할 길이 없다. 결국 나는 돌고 돌아 하나님께서 허락하신 근무지, 항의원으로 가게 되었다. 그리고 그곳에서 구급차를 운전했다.

병원 수송대 내무반에 들어가 보니 이곳 또한 쉬운 곳은 아니었다. 그곳에는 제대를 앞둔 박 병장, 그리고 나보다 두 달 먼저 입대한 일병이 두 명 있었다. 그런데 몇 명 되지 않는 내무반에 살기가 돌았다. 박 병장이 밤마다 두 일병을 불러내서 두들겨 팼기 때문이다. 박 병장은 나보다 나이가 어렸는데 눈에 독기가 흘러서 존재만으로도 공포 분위기를 만들었다.

그런데 하나님의 은혜로 박 병장에게 다가가 전도할 수 있는 기회가 생겼다. 밤마다 영어를 가르쳐 주면서 자연스럽게 복음을 전하게 된 것이다. 예수님을 믿게 된 박 병장은 나와 함께 교회에 나가게 되었다. 믿음이 깊어지고 나서는 엄동설한에도 새벽 기도에 빠짐없이 참석하였다.

복음의 힘이 얼마나 크고 놀라운지 독기와 폭력, 욕으로 가득하던 그의 삶에 말씀과 찬양이 자리 잡게 되었고 구원의 기쁨이 넘치게 되었다. 자연스럽게 매일 밤 행사였던 구타도 사라졌고 두 일병도 편안하게 군 생활을 누리게 되었다.

그런데 평화롭기만 할 줄 알았던 내무반에 또 다른 문제가 생겼다. 박 병장이 변화돼서 군 생활이 편해졌으니 내게 고마워할 것 같았던 두 일병이 오히려 나를 미워하기 시작한 것이다.

졸병 주제에 병장과 친하게 지내고, 달게 자고 있으면 새벽에 교회 간다고 부스럭거린다는 이유 때문이었다. 주일만 되면 병원에 있는 환자들을 구급차에 태우고 교회에 가는 것도 거슬린다고 했다. 하지만 환자들에게 복음을 증거하는 것이 나에게는 그 무엇보다 중요했기에 어떤 협박에도 굴하지 않았다. 두 일병은 병장이 나와 함께 교회에 다니니 뭐라 하지도 못하고 속으로만 이를 갈았다.

"박 병장 제대하는 날이 네 제삿날인 줄 알아."

"박 병장 제대하면 교회 다니는 것도 끝이야."

두 사람은 이렇게 나를 협박했다. 그들은 박 병장이 제대하기만을 손꼽아 기다렸다. 지금도 그 날짜를 기억하는데 6월 30일이었다. 나는 그날이 다가오는 게 두렵고 떨렸다. 반대로 이 두 일병은 이를 갈며 그날만을 기다렸다. 지금 생각해 보면 본인들의 제대 날짜보다도 그날을 더 기다렸던 것 같다.

## 군법회의
## —"코드 원, 코드 원"

박 병장의 제대가 얼마 남지 않았던 6월 25일. 군의관과 혜화동에 있는 서울대학교병원에 갈 일이 있었다. 대위는 일을 마친 후 퇴근하고 나 혼자 구급차를 몰고 공군본부로 돌아가는데, 여의도로 가는 아현동 고가도로 밑이 꽉 막혀 움직일 수가 없었다. 저녁 먹을 시간에 맞춰 들어가려면 시간이 촉박했다.

나는 반대편 신호등이 빨간색인 것을 확인한 후 사이렌을 켜고 중앙선을 넘어 앞을 향해 달렸다. 일반적으로 구급차가 사이렌을 켜고 역주행을 하면 반대편에서 오던 차들이 알아서 비켜주기 때문이다. 그런데 그날은 한 무리의 차량이 방향도 바꾸지 않고 오히려 헤드라이트를 켜며 나에게 비키라는 신호를 보냈다. 나는 군대

구급차에게 비키라고 하는 그 차를 이해할 수가 없었다. 그래서 속력을 냈더니 그 차가 결국 방향을 바꿔서 내 옆을 쓱 지나갔다.

차량을 보니 당시 장관급들이 타고 다니던 '푸조'라는 차였다. 그 차를 따라서 수십 대의 검은 외제차들이 줄지어 지나갔다. 그날은 6.25기념일이었다. 아마도 국회의사당에서 나오는 차들인 듯했다. '국회의원들이 무슨 행사를 하고 올라오나 보다'라고 생각했지만 검은 외제차가 줄지어 가는 것을 보니 기분이 좀 찝찝했다.

아현동 고가도로 밑 질주를 무사히 마치고 나는 시간 내에 부대에 도착해 저녁을 먹었다. 그런데 갑자기 헌병대에서 전화가 왔다. 지금 당장 구급차를 끌고 정문 앞으로 나오라는 것이었다. 정문 앞에 도착했을 때, 나는 눈앞에 펼쳐진 충격적인 광경에 입을 쩍 벌릴 수밖에 없었다.

수십 대의 경찰차와 경찰 오토바이, 무전을 치는 경찰관들이 보였다. 영화에서 범인을 포위할 때나 볼 수 있는 바로 그런 장면이었다. 내가 나타나자 수많은 경찰들이 나를 주시했고, 그중 한 사람이 내게 다가왔다.

"어느 길로 오셨습니까?"

나는 혜화동에서부터 온 길을 쭉 설명했다. 그랬더니 그 사람이 무전기를 뽑아 들고 무전을 주고받았다.

"코드 원, 코드 원, 용의자 잡았습니다."

"환자의 탑승 여부, 그리고 환자의 상태 및 관등 성명을 보고하라, 오버."

무전을 통해 들리는 목소리는 너무나도 위압적이었다. 나 혼자였는데, 환자라니 무슨 말이지? 용의자는 뭐고 코드 원은 또 무엇이란 말인가? 머릿속이 점점 복잡해졌다.

"그 차가 누구 차인지 몰랐습니까?"

그 사람이 내게 물었다. 아마도 고가도로 밑에서 보았던 검은 외제차를 말하는 것 같았다.

"……."

"각하 차였습니다."

세상에, 각하라니! 각하라면 대통령이 아닌가!

그 많은 검은 차 중 하나에 대통령이 타고 있었던 것이다. 그 사람이 무전기에 대고 말하던 '코드 원'은 대통령을 의미했다. 그런데 나는 뭣도 모르고 대통령을 향해 정면으로 돌진한 것이었다. 꼬투리 하나라도 잡히면 곧바로 '삼청교육대'로 보내지던 살벌했던 시기, 대통령의 말이 곧 법이었던 시절이었다. 아현동 고가도로 밑 광란의 질주는 갑자기 내 목숨이 걸린 문제가 되었다.

당시 대통령이 탄 차는 비공식 행사 때문에 일반 차량들 속에서 조용히 움직이고 있었다. 그런데 웬 구급차가 나타나 돌진해 왔다. 앞에서 달려오는 구급차를 비켜 세우려다 실패한 경호차가 바로 무전으로 연락해서 곳곳에 숨어 경비하던 경찰들에게 나를 체포하도록 명령을 내린 것이다.

'대통령 암살 음모죄.' 법이 없던 시절, 그게 바로 내 죄명이었다. 청와대 경호실에서 바로 연락이 오는 바람에 공군 전체가 다 뒤집혔다. 나는 체포되자마자 헌병 수사대로 끌려가 바로 현장 검증을 했다. 그리고는 밤새도록 슬리퍼로 두들겨 맞아 가며 사건의 경위에 대한 수사를 받아야 했다.

"외국에는 구급차를 가장한 암살단이 많단 말이야. 그러니 각하께서 얼마나 놀라셨겠냐!"

충성스러운 헌병대 조사관이 각하의 안위를 염려하면서 나를 취조했다.

다음 날 나는 일주일만 있어도 사람이 이상하게 변한다는 군기 교육대로 보내졌다. 군법회의가 열리는 동안 나는 군기 교육대에서 벌을 받아야 했다. 내가 연루된 사건은 참모총장이 보고하고 공군 전체가 다 뒤집혔을 정도로 큰 사건이었다. 게다가 대통령이 법이었던 시절, 우상과도 같던 대통령의 안전을 위협했으니 군기 교육대에서 온전히 살아 나오기는 힘든 상황이었다.

군기 교육대에는 문제 병사들을 다루는 담당 중사가 있었는데, 피도 눈물도 없는 사람으로 악명이 높았다. 그런데 내가 들어갔을 때 다행히도 그 중사가 없었다. 바로 전날, 다리가 부러져 병원에 입원한 것이다. 나에게 징벌을 가해야 할 사람이 사라진 그곳에서 나는 일주일 동안 기도만 했다. 하나님께서 내가 기도할 수 있도록 모든 상황을 정리해 놓으셨다고밖에 설명할 길이 없는 일이었다.

## 항공대학 학군단 발령
## —"영창에 가더라도 주일 성수만은"

너무 큰 사건이라 앞날이 어떻게 될지 걱정이었다. 어쩌면 영창에 간 다음 백령도 같은 최전방에 보내질 수도 있었다. 나는 주님 앞에 두 가지 제목을 놓고 간절히 기도했다.

"어느 곳이든 주일을 지킬 수 있는 곳으로 보내 주세요. 그리고 남은 시간을 이용해서 영어 공부를 하고 싶습니다. 그래서 공군 운전병으로 지원했으니 공부할 수 있는 곳으로 보내 주세요."

군기 교육대에서 일주일 동안 간절히 기도했다.

군법회의에서 나는 영창 15일을 선고받았다. 그런데 나를 감독했던 수송대 윤 상사라는 분이 나를 영창에 보내지 않으려고 무척 애를 썼다. 그는 수송대 감독관인 백사에게 와서 나를 적극 변호했다. 잘못이라고는 급하게 군대에 들어와야 해서 차선을 변경한 것뿐인데, 대한민국 어느 법이 그걸로 영창을 15일이나 살게 하냐며, 내가 영창에 가면 자신이 옷을 벗겠다는 이야기까지 했다. 자기가 나를 다른 부대에 보낼 테니 영창에 보내지 말라고 간곡하게 부탁하기도 했다. 지금 생각해 보면 그분의 인품이 좋았던 것도 있지만, 하나님께서 나를 보호하시기 위해 사람들의 생각과 마음을 움직이시고 여러 사람들을 통해 나를 돕게 하신 것이 분명하다.

백사의 방에서 초조하게 대기하고 있는데 전화 한 통이 걸려 왔다. 백사는 언성을 높이며 안 된다는 대답만 반복하고는 전화를 끊어 버렸다. 30여 분 후에 중위 한 사람이 헐레벌떡 뛰어 들어왔다. 백사보다 지위가 높은 중위가 운전병 한 사람만 바꿔 달라고 애원했다. 전날 항공대학 공군학군단 단장의 운전병이 밤새 술을 마신 후 운전을 해서 차가 인도로 올라가 버리는 사고가 났다고 했다. 그 사실을 안 대령이 당장 운전병을 바꾸라고 했다는 것이다. 중위는 운전병을 달라고 사정하고 백사는 안 된다며 다퉜다. 그때 중위가 감독관실 구석에 앉아 있는 나를 보고 다짜고짜 물었다.

"너, 운전병이냐?"

"네. 그렇습니다."

"크리스천이야?"

"네. 크리스천입니다."

"이야, 네가 바로 하나님이 보내 주신 운전병이다!"

그러자 듣고 있던 백사가 한마디 했다.

"걔 지금 영창 가려고 대기 중인데 데려가긴 어딜 데려가?"

"영창이고 뭐고 난 지금 애를 데려가야겠소."

분명히 말도 안 되는 소리인데 거기에 대꾸하는 백사의 대답이 더 놀라웠다.

"데려가고 싶으면 데려가든지."

당장 영창에 가야 할 내가 공군에서 가장 가기 어려운, 유일한 학군단인 항공대학으로 가게 되다니. 어떻게 이런 기적이 일어날 수 있단 말인가!

더 놀라운 것은, 그날이 7월 1일이라는 것이었다. 박 병장이 제대한 바로 다음 날이었다. 내가 항공대학으로 가려고 짐을 챙기러 내무반에 돌아갔을 때, 두 일병은 눈에 불을 켠 채 이를 갈고 있었다.

박 병장도 제대했겠다, 공군 전체를 다 뒤집은 사고까지 쳤으니 가만 두지 않겠다고 단단히 별렀을 것이다. 하지만 나는 학군단 단장이 타고 다니는 최고급 승용차인 포니2를 타고 등장해 내무반에 들어가 더플백만 챙겨서 나와 버렸다.

감사하게도 내가 모시게 된 학군단 단장님은 교회 집사님이었다. 하나님은 조그만 믿음을 지킨 나에게 어마어마한 선물들을 허락해 주셨다. 사병이 부대 생활을 하지 않고 집에서 출퇴근한다는 건 꿈같은 이야기다. 그런데 하나님은 내가 주일을 지킬 수 있도록 제대할 때까지 집에서 출퇴근하게 해주셨다. 당시 군대에서는 기름을 절약해야 한다는 목소리가 높았다. 덕분에 나는 경기도 수색에 있는 항공대학에서 단장님 댁인 반포까지 운전한 후 차는 거기 세워 놓고 집에서 출퇴근할 수 있었다.

학군단 단장의 운전병으로 일하면서 매일 아침 나는 너무나 황홀한 순간을 맞았다. 차를 몰고 항공대학 학군단에 들어서면 입구부터 군인들이 도열해 있다가 경례를 시작했다. 단장님은 내 뒤에 앉아 있으니 내가 그 경례를 가장 먼저 받는 셈이었다. 얼마나 황홀한 일인가! 차에서 내리면 방위병들이 차려 주는 아침밥을 먹고, 하루 종일 영어 공부를 하며 지냈다.

사실 나는 영어 공부를 할 수 있다는 사실만으로도 너무 좋았다. 그래서 어두컴컴한 무기고 한쪽에 있는 책상에 앉아서 신나게 공부했다. 그 모습을 본 단장님은 행정 담당 장교에게 장교들이 근무하는 사무실에 내 책상을 만들어 주라고 지시해 주셨다. 일개 사병이 장교들 틈에서 공부를 하다니! 심지어 장교들은 그 추운 겨울에 군사훈련을 시킨다고 난로에 손 한번 쬔 다음 밖으로 나가야 했는데, 나는 하루 종일 난로 옆에서 공부할 수 있었다.

서울 시내에 있는 도서관에서 공부하려고 해도 새벽 일찍 일어나 추운 데서 버스를 기다리고 도서관 앞에 줄을 서서 들어가야 하는데, 나는 나라에서 제공하는 자가용을 타고 대학에 가서 내 자리에 앉아, 때 되면 차려 주는 밥을 먹으며 원 없이 공부할 수 있었으니, 정말 놀랍지 않은가!

이 모두가 주일 성수를 향한 내 마음, 그 작은 것을 기쁘게 보신 하나님의 큰 은혜였다. 하나님은 내가 군기 교육대에서 일주일간 기도했던 것을 신실하게 이루어 주셨다.

## 세상 사람들이 이해할 수 없는 은혜
### —"내가 가진 백이라곤 더플백 하나"

항공대학에서 공부할 때 영어 단어를 3만 3,000개 이상 외웠다. 그때 외운 단어는 지금 뉴질랜드에서 학교와 선교 센터, 교회를 운영하는 데 유용하게 쓰이고 있다. 그렇게 나는 군대 생활의 반 이상, 2년 정도를 어느 누구보다 편안하게 지냈다. 주일 성수를 하다가 어려움에 처하니까 하나님께서는 대통령까지 움직이셔서 나를 건지셨고 가장 좋은 환경, 좋은 상황으로 인도하셨다.

학군단에서 근무하던 중에 영동 세브란스병원에 갈 일이 있었다. 거기서 내가 공군을 뒤집어 놓은 사고를 냈을 때 항의원에 있던 군의관을 만나게 되었다. 그는 제대 후 그곳에서 정형외과 의사로 근무하고 있었다. 그 사람은 나를 보자 무척 반가워하면서 나에게 이렇게 물었다.

"야, 나는 이제 제대도 했으니까 솔직하게 얘기해 봐. 참모총장이 네 큰아버지냐, 작은아버지냐?"

"그게 무슨 소리십니까?"

"너 그렇게 큰 사고를 쳤는데 학군단에서 근무한다며? 도대체 누구 백이야? 이제 솔직히 얘기해 봐."

그때 나는 이렇게 대답했다.

"세상에서 내가 가진 백이라고는, 더플백밖에 없습니다. 그러나 내게는 삶 전체를 지켜 주시는 하나님 백이 있습니다."

"야, 너 또 전도하려고 그러는 거지? 나한테만 솔직히 얘기해 봐. 궁금해 죽겠어."

"그게 진실입니다. 그때뿐 아니라 하나님께서는 군 3년 내내 기적을 보여 주셨거든요. 하나님은 정말 살아서 역사하십니다. 하나님 꼭 믿으세요."

세상 사람들은 이해하지 못한다. 눈 한 번 딱 감으면 지나갈 수 있는 주일을 예배자로 살겠다고 사서 고생을 하고, 주변 사람들에게 미움을 받으면서까지 복음 전파에 목숨 거는 이유를. 세상 사람들은 절대 믿지 못한다. 믿음의 사람들이 옳은 의를 지키기 위해 애쓰다가 위기에 처할 때, 하나님께서 피할 길을 내시고 건져내신다는 것을. 더 복되고 좋은 환경으로 인도하심을!

## 악명 높은 단장님 부임
### —"공군 역사에 길이 남을 악명"

하나님께서는 평안한 가운데서도 한 번씩 어려움을 주신다. 어려움 안에서 흔들리지 않았을 때 더 큰 복을 주시기 위함이다. 내가 인품 좋고 신앙심 깊은 단장님을 만나 평안한 나날을 보내던 중 갑자기 인사이동이 생겨 학군단 단장님이 바뀌게 되었다.

단장님을 따라갈 수도 있었지만, 학교에서 공부할 수 있는 점이 좋아서 나는 그냥 남기로 했다. 그런데 새로운 사람이 오기도 전에 흉흉한 소문이 돌기 시작했다. 새로 오는 단장은 다혈질이라 자기 분을 못 참는 데다 방위병을 돌로 쳐서 입원시킨 적도 있다는 것이다. 들어 보니 악명이 높을 만했다. 오죽하면 그 부대에 있던 동기 녀석이 전화해서 나보고 빨리 다른 부대로 가라고 할 정도였다. 하지만 내 마음은 그저 평안했다. 주님의 역사하심을 친히 체험해 온 내가 무엇이 두렵겠는가? 다가올 시련을 어떻게 이끌어 승리하게 하실지 기대가 되기도 했다.

그 유명하신 분을 차에 태운 첫날, 용기를 내어 새로 온 단장님께 말씀드렸다.

"단장님."

"왜?"

"저는 크리스천입니다."

"크리스천? 그거 좋지, 좋아."

"그래서 한 가지 부탁을 드립니다. 제가 평일에는 밤늦게까지 일해도 좋은데, 주일에는 꼭 교회에 가야 합니다."

"그래? 교회 가야지, 그럼."

갑작스럽고 당돌한 부탁에 단장님은 긍정적으로 대답했다.

허락을 받긴 했지만 과연 이 대답을 믿어도 되는 것인지, 확신할 수가 없었다. 시간이 지날수록 소문으로만 듣던 단장님의 성격이 나오기 시작했다. 출퇴근 시간에 서울 시내 도로가 막히는 건 예삿일인데, 그걸 참지 못하고 차 뒤에서 일어났다 앉았다 하며 갖은 욕을 퍼부어 댔다.

"서울시에 있는 이 공무원 XX들 다 총살시켜 버려야 돼."

그리고 나에게도 시비를 걸었다.

"너는 왜 이 길로 와서 사람 속을 다 뒤집어 놓냐? 삼각도법도 몰라? 이 돌머리야!"

성수대교가 아니라 반포대교로 가는 길이 더 짧다는 말이었다.

물론 나도 그 길이 더 짧은 건 알았지만 반포대교가 더 막히기 때문에 항상 성수대교 쪽으로 차를 운전했다. 새 단장은 늘 다니는 길인데도 길이 막히기만 하면 목에 핏대를 세우며 심술을 부렸다.

다음 날부터 나는 반포대교로 차를 몰았다. 그랬더니 성수대교보다 훨씬 더 밀렸다. 꼼짝도 하지 않는 차 안에서 단장은 본인이 해놓은 말 때문에 화도 못 내고 안절부절못했다. 그 다음날도 나는 반포대교 쪽으로 갔다. 아무래도 안 되겠는지 단장이 먼저 입을 열었다.

"내일은 너 가고 싶은 대로 가."

그런데 나는 다음 날도 반포대교를 택했다. 나의 황당한 대응에 단장은 자존심을 버리고 말했다.

"야, 야. 이제 그냥 성수대교로 가!"

반포냐 성수냐의 신경전은 그렇게 끝이 났다. 하지만 단장은 그 후에도 성수대교로 가다가 차가 밀리면 본색을 드러냈다. 더 이상은 안 되겠다 싶어서 어느 날, 나는 각오를 단단히 하고 차에 올라탔다. 그날도 단장은 안절부절못하면서 입에 담기도 힘든 말들을 쏟아내기 시작했다. 나는 그때부터 가속 페달을 밟았다. 엄청난 속력으로 중앙선도 넘고 앞에 가는 트럭의 뒤꽁무니에 바짝 대기도 하고 이리 박고 저리 박으며 달렸다.

백미러 속의 단장은 겁에 질려 차 손잡이를 붙든 채 식은 땀을 흘리고 있었다. 급정거를 할 때마다 신음 소리가 들렸다. 한 시간 반을 그렇게 달렸더니, 부대에 도착했을 때 단장은 거의 초주검이 되어 있었다. 나는 욕먹을 준비를 단단히 하고 차에서 내렸다. 그런데 내리자마자 단장이 뜻밖의 말을 했다.

"아침 먹었나? 빨리 가서 밥 먹으래이."

예상 밖의 말에 속으로 얼마나 웃었는지 모른다. 그 후로는 어디로 가도, 차가 많이 밀려도, 차 안에서 찬양을 틀어도 뭐라 하지 않았다. 오히려 찬양을 따라 부르며 흥얼거리기까지 했다. 아주 순한 양처럼 변한 것이다. 어느 토요일, 단장이 내게 간곡한 부탁을 했다.

"야, 내가 말이지. 내일 수원 비행장에서 동료 군인들이랑 골프 시합이 있거든. 내가 그래도 대령인데 어떻게 운전을 하고 가냐? 부탁인데, 나 좀 데려다 다오. 일요일이라 너 교회 가야 되니까, 내가 예배드리는 시간에 맞춰서 준비하고 있을게."

대령이 사병에게 명령이 아니라 애원을 하다니. 그것도 감격스러운 일이지만, 다음 날 단장은 정말 골프 시합 시간보다 훨씬 일찍 나와 나를 기다리고 있었다. 내가 공군 부대 교회에서 예배를 드릴 수 있게 배려한 것이다.

제대할 때 제대 보고를 하기 위해 공군본부에 갔다. 나는 2년간 학군단에 있었기 때문에 당연히 교육 사령부 소속일 거라 생각했다. 그런데 서류상으로는 여전히 공군본부 수송대 소속이었다. 학군단에서 2년 동안 편하게 생활했는데, 알고 보니 발령도 나지 않은 상태로 그 긴 시간 동안 몸만 거기에 있었던 것이다. 정말 희한

한 일이다.

군 생활 동안 일어난 많은 사건과 사고 속에서 하나님은 매 순간 역사하셨다. 사실 하나님의 사랑은 글로는 다 표현할 수가 없을 정도다. 군 생활 속에서 주일을 거룩하게 지키려는 작은 믿음을 보시고 눈동자처럼 나를 지켜 주신 나의 아버지 하나님.

하나님의 의와 나라를 최우선에 놓고 결단할 때 하나님께서는 죽을 것 같은 상황에서도 피할 길을 주신다. 그 누구도 하나님의 자녀를 건드리지 못하게 환경을 열어 주신다. 우리가 하나님을 높여 드릴 때, 하나님께서는 생각과 기대 이상의 방법으로 우리를 높이신다. 하나님만이 나의 피난처이시요, 힘과 도움이심을 찬양한다. 할렐루야!

> "두려워하지 말라 내가 너와 함께 함이라 놀라지 말라 나는 네 하나님이 됨이라 내가 너를 굳세게 하리라 참으로 너를 도와주리라 참으로 나의 의로운 오른손으로 너를 붙들리라 보라 네게 노하던 자들이 수치와 욕을 당할 것이요 너와 다투는 자들이 아무것도 아닌 것같이 될 것이며 멸망할 것이라 네가 찾아도 너와 싸우던 자들을 만나지 못할 것이요 너를 치는 자들은 아무것도 아닌 것 같고 허무한 것같이 되리니"(사 41:10-12).

# Part Ⅲ.
## 나를 살린 사랑의 매와 기적들

Chapter 5

# '가난한 천국' 신혼 시절

> 피아노 학원 안에 딸린 조그만 신혼 방은 장롱도 들어가지 않을 정도로 작아서 장롱 반 짝과 텔레비전만 간신히 넣었다. 그렇게 초라한 시작이었지만 나에게는 그곳이 천국과 같았다.

### 우리 가정의 시작
### —"판자촌에서라도 함께 살 수만 있다면"

믿음만 보고 나를 선택한 아내는 군대 간 나를 3년이나 기다렸다. 그러나 내가 제대한 후에도 우리의 앞날은 막막했다. 가진 것도 없고 능력도 없던 나는 아내를 볼 때마다 마음이 아프고 미안했다.

"남대문에서 콩나물 장사를 하고, 판자촌에서 살더라도 같이 살 수만 있으면 좋겠다."

우리는 만날 때마다 그런 얘기를 나눴지만 현실은 막막하기만 했다.

우리의 이런 간절한 마음을 보시고 하나님께서 긍휼을 베풀어 주셨다. 아내를 끔찍이 아끼던 할머니의 마음을 움직이신 것이다. 할머니는 첫 손녀인 아내를 위해서라면 뭐든 다 해주셨다. 몸이 약했던 아내가 장충동에서 군자동까지 학교 다니는 걸 보고 군자동에 집까지 사주신 분이었다. 그런데 아무리 선을 보라고 해도 아내가 나만 바라보고 있으니 이분이 답답해서 우리 누나를 찾아오셨다.

"둘이 저렇게 좋아하는데 결혼시킵시다. 먹고살 것이 없으면 보태주면 되지. 공부 마칠 때까지 내가 도와줄 테니 결혼 허락합시다."

할머니 덕분에 우리는 결혼을 허락받았다. 하지만 막상 허락을 받고 나니 현실이 얼마나 초라한지 여과 없이 드러났다. 나는 이제 막 제대해 야간대학 2학년에 재학 중이었고, 친형이 사업에 실패해서 집안 형편이 너무 어려운 상태였다. 그런 상황에서 결혼하겠다고 하니 어머니는 물론이고 처가 쪽도 반가워하지 않았.

중학교 교장 선생님인 장인어른은 사위가 무엇 하나 내세울 것 없는 사람이라 속상해하셨다.

결국 처음부터 끝까지 아내와 둘이서 결혼 준비를 해야 했다. 교회에 가서 날짜를 잡고, 신혼살림에 필요한 것들을 하나하나 장만했다. 패물은 생각도 못하고 금반지 두 돈으로 우리의 결혼을 기념했다.

처가에서 보내 준 10만 원으로 나 혼자 백화점에 가서 회색 양복과 밤색 구두를 사 신었다.

당시에는 신랑들이 대체로 감색 양복을 입고 결혼을 했다. 나는 결혼식에서 어떤 양복을 입는지 몰라 중년 신사처럼 회색 양복을 입고 결혼식을 치렀다. 거기다 전체적인 조화는 고려하지 않고 형의 고동색 넥타이를 빌려 맸다. 지금 생각해도 웃음이 날 정도로 당시 나는 그야말로 촌뜨기 신랑의 모양새였다.

결혼식 당일에도 내가 아내를 미용실에 데려다 주고 교회까지 데려올 정도로 신경 써주거나 챙겨주는 사람이 없었다.

결혼식도 가족들만 모여서 조촐하게 치렀다. 토요일에 결혼식을 하고 다음 날 함께 교회에 가서 예배를 드리고, 월요일 아침에 고속버스를 타고 설악산에 다녀온 게 신혼여행의 전부였다.

우리는 여관에 머물면서 시내버스를 타고 설악산 주위를 돌아다녔다. 남들은 신혼여행에서 찍은 사진만 따로 모아 놓은 앨범이 있지만 우리는 지나가는 사람들에게 부탁해서 찍은 사진 몇 장이 전부다. 그 사진도 모두 차렷 자세로 찍어 어색하기 그지없다.

아내가 얼마나 절약을 했는지 여행 경비 10만 원에서 3만 원을 남겨서 우리 어머니께 드렸다. 돌이켜보면 우리의 시작은 참으로 미약했다.

"네가 만일 하나님을 찾으며 전능하신 이에게 간구하고 또 청결하고 정직하면 반드시 너를 돌보시고 네 의로운 처소를 평안하게 하실 것이라 네 시작은 미약하였으나 네 나중은 심히 창대하리라"(욥 8:5-7).

## 어려운 신혼생활
### —"장롱 한 짝이 다 안 들어가"

결혼은 했지만 내가 아직 학생 신분이고 직장도 없었기 때문에 아내가 동생과 함께 피아노 학원을 운영해서 신혼살림을 꾸려 나갔다. 그 학원도 우리 어머니가 교회에서 결혼 자금으로 빌려 오신 150만 원에 아내의 할머니가 보태준 돈으로 차린 것이다.

우리는 피아노 학원 안에 딸린 조그만 방에 신혼 방을 차렸다. 장롱도 들어가지 않을 정도로 작아서 장롱 반 짝과 텔레비전만 간신히 넣었다. 그렇게 초라한 시작이었지만 나에게는 그곳이 천국과 같았다.

나는 행복했지만 아내에게는 많이 미안했다. 아내는 어려서부터 자가용을 타고 학교에 가고, 학교를 마치면 방송국에 가서 어린이 프로그램을 녹화할 만큼 유복하게 자랐다.

그런 아내가 월세 집에서 연탄을 때고 좁은 부엌에서 살림을 하고 있으니 내 마음이 좋을 리 없었다. 부엌이 좁아서 아내는 일어날 때마다 붙박이 찬장 모서리에 머리를 부딪쳤다. 석유곤로에 불을 붙이다가 머리와 눈썹을 태운 적도 많았다. 변변찮은 신혼살림을 꾸리면서도 나를 챙기느라 고생한 것을 생각하면 미안함과 고마움이 크다.

학생이긴 했지만 가장이었기에 나도 어떻게든 일자리를 구해 보려고 애썼다. 능력도 없었지만 학교 공부 때문에 시간이 맞지 않았다. 결국 결혼 후 1년 동안은 아내가 학원에서 버는 수입으로 생계를 이어 갔다. 그런데 학원의 학생 수가 줄어서 생활이 점점 어려워졌다.

"여호와께서 집을 세우지 아니하시면 세우는 자의 수고가 헛되며 여호와께서 성을 지키지 아니하시면 파수꾼의 깨어 있음이 헛되도다"(시 127:1).

## 직장을 찾아서
### —"젊은 사람이 대단하네요"

그때 미군 부대에서 경비를 뽑는다는 소식을 들었다. 하루 3교대로 고된 일이었지만 가족을 먹여 살려야 한다는 생각에 지원했다. 1차, 2차 시험은 순조롭게 통과하고 미군 장교와 한국인 감독관 앞에서 면접까지 보게 되었다. 그런데 가끔은 주일에도 근무를 해야 한다는 말을 듣고 나는 나이가 지긋한 한국인 감독관에게 간절하게 부탁했다.

"다른 날에는 밤낮 가리지 않고 열심히 일하겠습니다. 하지만 제가 크리스천이라 주일 성수를 해야 하니 시간을 좀 조정해 주십시오."

"내가 장로입니다. 존경스럽네요. 젊은 사람이 그렇게 주일을 지키려고 노력하는 모습이 참 대단합니다. 하지만 이곳은 주일에도 근무를 해야 하기 때문에 그 부탁은 들어줄 수가 없습니다."

몇 백 대 일의 경쟁률을 뚫고 어렵게 여기까지 왔는데, 갑자기 그 말을 한 게 후회스러웠다.

'식구들을 먹여 살려야 하는데, 어디서 이런 좋은 직장을 구하나?'

사탄이 내 마음을 자꾸 흔들었다.

집에 돌아온 후에는 마음이 더 불안해져서 결국 장로라고 했던 그 감독관에게 다시 전화를 걸었다.

"다시 한 번 생각해 줄 수 없겠습니까?"

그랬더니 아까는 나를 존경한다고 했던 그분이 "지금 장난하냐!"라며 화를 냈다. 내가 믿음을 지킬 때는 존경을 받았지만, 구차하게 기회를 빌자 비난만 받고 초라해진 것이다. 나는 나의 믿음 없음을 자책했다.

Chapter 6

# 한전에서 가장 많은 특혜를 누린 사람

> 나는 한전에 근무하면서 가장 많은 특혜를 누린 사람이다. 인간의 눈으로 보면 보잘것없고 능력 없는 자였으나 하나님께서는 나를 한전에서 가장 복된 자로 들어 쓰셨다.

## 주일 성수를 기뻐하신 하나님의 선물
## —"최고의 직장, 한국전력공사"

주일 성수 문제로 취직도 물 건너가고 생활비도 떨어져서 하루하루 힘들게 버텨 갈 때쯤, 누나가 한국전력공사(이하, 한전)에서 직원을 뽑는다는 소식을 전해 주었다. 합격을 기대하지는 않았지만 한 달간 밤을 새워 가며 열심히 준비했다. 130대 1의 경쟁률 속에서 1차 시험을 마치고 초조하게 발표를 기다렸다.

발표 당일 삼성동에 있던 한전 본사를 찾았다. 게시판에 합격자 명단이 붙었는데 아무리 찾아봐도 내 수험번호가 보이지 않았다. '그러면 그렇지' 하며 좌절감 속에 터벅터벅 버스 정류장을 향해 걸어갔다. 그런데 자꾸만 다시 가서 명단을 확인해야겠다는 마음이 들었다. 결국 다시 올라가 합격자 명단을 찬찬히 살피기 시작했다.

명단을 자세히 보니 수험번호 순서대로 정렬된 게 아니라, 성적순으로 정렬되어 있었다. 순간 나는 내 눈을 의심했다. 내 수험 번호가 여덟 번째로 적혀 있었다. 많은 경쟁자들 중에서 8등으로 합격한 것이다! 나는 곧장 교회로 가서 하나님께 감사 기도를 드렸다. 그리고 2차 논술 시험과 3차 면접까지 치르고 최종 합격자 발표를 기다렸다. 그 한 달은 정말 피가 마를 정도로 초조했다.

결과를 애타게 기다리는데, 한전에 근무하시는 교회 집사님이 하루 먼저 합격 소식을 알려 주셨다. 그 감격은 지금도 잊을 수가 없다. 아내와 부둥켜안고 얼마나 많은 감사의 눈물을 흘렸는지 모른다. 아무 미래도 보이지 않던 무능한 야간대학 3학년 가장에게 하나님이 허락하신 선물은 너무 값진 것이었다.

내가 만약 주일 성수를 포기하고 미군 부대의 경비로 취직했다면 한전은 꿈도 꾸지 못했을 것이다. 먹고 살기 위해 학원 차량 운전 정도만 생각해 내는 나 같은 사람에게 하나님은 최고의 직장인 한전에서 일할 기회를 주셨다. 하나님은 이렇게 크고 좋은 것으로 준비하고 계시는데 사람들은 조바심 때문에 기다리지 못하고 믿음을 저버리고 어리석게 행동한다.

한전에 입사하고 연수를 받을 때도 하나님은 나를 위해 일하셨다. 취직은 했지만 졸업을 못했기 때문에 대학에 다니며 근무하려면 꼭 수도권으로 발령이 나야 했다. 하지만 그건 내 개인적인 사정일 뿐 발령은 회사 방침에 따라야 하는 일이었다. 그러나 능력의 하나님은 나를 수원에 있는 경기 지사로 보내셨다.

시간이 지나 수원에서 다시 평택, 용인, 이천 등으로 발령이 나는 시기가 다가왔다. 다섯 명 중 딱 한 명만 수원에 남아 근무를 할 수 있었다. 다른 지역에는 전철이 없기 때문에 꼭 수원으로 발령이 나야 했다. 그래야만 저녁에는 학교에 가서 학업을 이어 갈 수 있었다. 그런데 나를 제외한 네 명에게는 모두 막강한 인맥이 있었다. 이모부가 인사 처장인 사람, 삼촌이 전무인 사람 등 서로 자신이 수원에서 근무하게 될 거라고 장담하며 하숙집과 교통편을 알아보고 다녔다.

나는 오직 하나님의 도우심만 바랐다. 하나님께서는 다시 신실하게 응답하셨다. 네 명 모두 다른 곳에 보내시고 나 혼자만 수원에 남게 하신 것이다. 그렇게 나는 1년간 수원과 서울을 오가며 학업을 이어 갔다. 비록 새벽에 일어나 수원으로 출근해서 하루 종일 근무하고, 다시 서울에 있는 대학에 가서 공부하고 집에 오면 밤 12시가 되어 몸은 피곤했지만, 나에게는 행복하고 뿌듯한 시간이었다.

1년 뒤, 나는 하나님의 은혜로 대학을 졸업했고, 하나님께서는 나를 한전 내 최고의 부서인 한전 본사 외자처로 옮겨 주셨다.

## 내 인생의 리허설
### —"어느 것 하나 버릴 것 없는 훈련의 시간"

첫 근무지인 수원 지사에서 일할 때 나에게 큰 힘이 되어 주셨던 부장님이 계셨다. 그분은 항상 나에게 "너는 여기에 있을 인재가 아니다. 넌 본사 외자처에서 근무해야 한다. 영어 시험(Language Arts Testing and Training, LATT)을 잘 보면 내가 어떻게든 본사로 갈 수 있게 힘을 써보겠다"라고 하셨다.

당시 LATT는 공무원들이 해외로 파견 나가기 전에 보던 영어 능력 시험이었다. 그 말을 듣고 나는 바쁜 일정에도 틈틈이 영어 시험을 준비했다. 그리고 하나님의 도우심으로 한 번에 합격점을 받게 되었다. 내가 시험을 치르기 전에 이미 본사에 가 있던 부장님은 그 후에도 많은 힘을 써주셨다. 나는 입사 1년 만에 동기들 중에서 처음으로 한전 본사 외자처에서 근무하게 되었다.

지금 생각해 보면 있을 수도 없는 일이었다. 명문 대학을 졸업한 엘리트도 가기 힘든 부서에 학벌도 인맥도 없는 내가 근무하게 되다니. 부장님을 비롯한 여러 사람들은 무엇 때문에 나를 도와주었을까? 하나님의 은혜가 아니라면 설명이 되지 않는 일이다.

지금도 한전은 누구나 꿈꾸는 직장이다. 특히 외자처는 유능한 인재들이 근무하는 부서였다. 원자력에 관련된 업무를 하고 업무 대부분이 영어로 이루어졌다. 어느 부서보다도 자부심이 강한 곳이었다. 그런데 회사에 입사한 지 1년밖에 되지 않은 무명의 야간대학 출신이 그곳에 발령받은 것이다.

하나님의 계획은 여기서 끝나지 않았다. 얼마 후 나는 외자처 소속의 태스크포스(Task Force) 팀으로 옮겨 원자력 계약 부서에서 근무하게 되었다. 당시 한전은 원자력 발전소 11, 12호기 계약을 앞에 두고 한창 바쁠 때였다. 국가적으로 중요한 문제라 모든 것이 극비로 진행되었다. 대통령의 재가를 받아야 하는 중요한 사안이기 때문에 일정에 맞추기 위해 전 직원이 6개월 동안 밤낮없이 일해야 하는 상황이었다. 나는 거기서 외국에서 돈을 빌려 오는 차관 업무를 맡았다.

하나님은 직장 생활을 통해서 신앙도 훈련시키셨다. 많은 이들이 공감하겠지만 세상 사람들이 즐거워하는 회식 자리는 크리스천들에게는 힘들고 곤혹스러운 자리다. 한번은 상사가 권하는 술을 거절했다가 봉변당할 뻔한 적도 있었다. 내가 술잔을 거절했더니 상사가 화를 견디지 못해서 술병을 깨고는 그 유리병으로 나를 찌르겠다고 덤볐던 것이다.

태스크포스 팀은 너무 바빠서 집에도 제때 들어가지 못하고 책상 위에서 쪽잠을 자야 하는 일이 많았다. 마감에 쫓겨서 정신없이 하루를 보낼 정도로 업무가 많았다. 과장, 부장 할 것 없이 야근에 주말 근무까지 해야 했다. 그런 상황에서 말단 직원이 주일을 지킨다는 건 쉬운 일이 아니었다. 교회에 간다고 할 때마다 따가운 눈총을 받았고 견디기 힘든 압력도 있었지만 나는 주일을 생명처럼 지켰다.

지금 생각해 보면 하나님께서 나를 한전에 보내신 것은 뉴질랜드로 보내실 때를 대비한 훈련이었다. 외국 사람들을 만나서 계약하고, 차관을 맡으면서 자금을 관리, 운영하는 방법을 배웠고 믿음을 지키기 위한 신앙 훈련까지 했다. 내 힘으로 배울 수 없는 것들을 한전에서 귀하게 경험한 것이다. 그 모든 경력과 경험이 이곳 뉴질랜드에서 영어 학교를 운영하는 것, 빌딩을 관리하는 것, 선교 센터를 운영하는 것에 큰 보탬이 되고 있다. 하나님께서는 내 인생의 리허설과도 같았던 그 기간을 통해 뉴질랜드에서 필요한 모든 것들을 빠짐없이 준비시키셨다. 하나님의 계획과 섭리가 참으로 경이로울 뿐이다.

## 오대양 육대주를 누비게 하시는 하나님
### —"외국으로 나가고 싶어요!"

회사 생활을 하는 동안 나에게는 간절한 소망이 하나 생겼다. 세상을 보는 눈도 키울 겸 외국에서 연수를 받고 싶었다. 당시 한전 직원이 외국에 나간다는 것은 상상도 할 수 없는 일이었다. 궁리 끝에 나는 차관 업무를 하며 관계했던 외국 은행으로부터 초청장을 받아 나갈 준비를 했고, 금융 교육 연수 프로그램에 대한 기획안도 만들었다. 모든 비용은 외국 은행에서 지원받기로 했고 그곳에서 받을 교육 프로그램 일정표와 생활 전반에 대한 계획서까지 철저하게 준비했다.

내가 만든 기획안은 과장, 부장, 처장 등 인사위원회를 거쳐 인사처, 조달 본부 그리고 부사장에게까지 올라갔다. 서류가 부사장에게까지 올라가는 데 6개월이 걸렸다. 부사장실에 서류가 올라갔을 때는 해외 연수가 거의 확정되는 분위기였다. 그런데 부사장이 사인 없이 서류를 돌려보냈다. 왜 해외 연수에 과장급이 아닌 일반 사원을 보내느냐는 이유였다. 6개월 동안 준비한 해외 연수의 꿈은 한순간에 물거품이 되고 말았다. 그러나 하나님께서는 나를 긍휼히 여기셨고, 나를 위해 놀라운 일들을 행하기 시작하셨다.

외자처에서 근무한 지 5년 만에 나는 한전에서 지원하던 대한배구협회의 관리 과장으로 파견되었다. 그전에 국제대회 통역 요원으로 일했던 것이 계기였다. 대한배구협회 관리 과장으로 일하다 보니 자연스럽게 경기 때마다 국가대표 선수들과 함께 외국에 나갈 수 있었다. 대만과 말레이시아, 그리고 스위스와 프랑스, 일본 등 세계 곳곳을 돌아다녔다.

내가 그렇게 철저하게 준비하고 완벽한 기획안을 만들었을 때는 무산되었는데, 하나님이 허락하시니 모든 것이 순조로웠다. 하나님께서는 내 작은 기도도 크신 계획으로 이끄셨다.

돌아보면 배구협회에서 근무한 시간 역시 뉴질랜드에서 할 일들을 위한 훈련의 시간이었다. 국제 대회에 참석하고 국내 대회를 개최하면서 규모가 큰 행사를 기획하고 총괄하는 일, 선수들과 관계자들을 관리하는 일, 하다못해 팸플릿을 만드는 일까지 모두 학교를 운영하는 데 필요한 것들이었다. 하나님은 이렇게 철저하게 나를 준비시키셨다.

나는 한전에 근무하면서 가장 많은 특혜를 누린 사람이다. 나만큼 특혜를 누린 사람은 이전에도 없었고, 이후에도 없을 것이다. 아무도 알아주지 않는 대학에 다니면서 졸업도 하지 않은 상태로 입사한 것만도 기적인데, 입사 동기들 중 가장 먼저 본사로 발령받았고 그중에서도 가장 쟁쟁한 외자처, 태스크포스 팀에서 근무하게 되다니!

그리고 대한배구협회의 관리 과장으로 지내면서 서울 중심부에 있는 사원 조합 아파트도 갖게 되고 외국 출장까지 마음껏 다녔으니, 정말 많은 혜택을 누렸다. 그래서 늘 한전에 감사한 마음이 있다. 인간의 눈으로 보면 보잘것없고 능력 없는 자였으나 하나님께서는 나를 한전에서 가장 복된 자로 들어 쓰셨다.

Chapter 7

# 길을 막고 새 길을 여시는 하나님의 인도하심

*"하나님은 정말 살아 계신다." 병원에 찾아온 친구를 보자마자 나는 그 말부터 했다. "하나님이 살아 계셔서 이렇게 매를 치시는구나." 내 입술로 고백할 수밖에 없었다.*

## 나를 살리기 위한 교통사고
### —"하나님은 정말 살아 계신다"

　대한배구협회에 근무하는 동안 집도 생기고 차도 생겼다. 그렇게 소원하던 외국 출장까지 다니며 부족함 없이 지내다 보니 세상이 너무 좋아졌다. 협회 직원들과의 회식 자리, 자연스럽게 이어지는 노래방에서의 즐거움……. 모르고 지내던 세상의 재미들을 알게 되니 그 속에 푹 빠져서 헤어나기 힘들었다. 그러다 보니 차츰 하나님을 멀리하게 되었다.

　하나님의 매가 무서워서 주일마다 교회는 나갔다. 하지만 예배만 겨우 드리고 그나마도 졸기 일쑤였다. 마음은 이미 세상으로 돌아서 버렸는데도 하나님과의 약속은 지워지지 않았다. 세상과 어울려 노는 것이 좋으면서도 한편으로는 그 약속 때문에 두렵고 무서웠다.

그 당시 나는 하나님께서 나를 치실지도 모른다는 생각에 항상 눌려 있었다. 그런 부담감과 두려움 때문에 오히려 교회를 등한시했다. 하나님께 드렸던 서원을 외면하고 싶었던 것이다. 신앙생활을 더 열심히 하면 정말 신학 공부를 시작해야 할 것 같고, 그러면 내가 이루어 놓은 모든 안락함과 풍요로운 삶을 잃어버릴 것만 같았다. 다시 가난해지는 건 죽기보다 싫었다.

그렇게 변명을 하면서 나는 점점 더 세상에 마음을 빼앗겼다. 아니, 의도적으로 세상에 마음을 주었다. 하나님은 오래 참으시다가 결국 세상에서 방황하는 나를 살리시기 위해 매를 드셨다.

영적으로 피폐해져 있을 무렵, 가족들과 친구가 사는 부산으로 휴가를 가게 되었다. 군대에서 알게 된 친구인데 믿음도 신실하고 하나님의 인도하심으로 건설 회사를 운영하면서 은혜를 많이 받은 친구였다. 그런데 하필이면 그때 그 친구의 믿음도 흔들리고 있었다. 우리는 자갈치 시장에서 가족과 함께 저녁을 먹으며 계획을 세웠다.

"가족들을 숙소에 데려다 준 다음 쇼를 보러 가자."

타락한 두 사람이 세운 계획이었다. 저녁을 먹고 8시쯤 제2해안도로를 따라 시속 80킬로미터로 달렸다. 친구가 운전을 하고 조수

석에 내가 앉고, 가족들은 뒤에 앉았다.

그런데 이상하게 마음이 불안했다. 꼭 사고가 날 것만 같았다. 자갈치 시장을 벗어나서 5분 정도 달렸는데 갑자기 눈앞에 강한 불빛이 비치면서 아무것도 보이지 않았다. 반대편 차가 중앙선을 넘어온 것이다. 외마디 비명을 지르는 순간 그 차가 우리를 덮쳤다. 어린아이를 친 사고 이후 13년 만에 일어난 교통사고. 차 지붕이 다 찌그러질 정도로 큰 사고였다.

매고 있던 안전벨트가 가슴을 압박했는데 충격이 얼마나 컸던지 숨을 쉴 수가 없었다. 평소에는 의식할 필요도 없던 호흡인데 아무리 숨을 들이마시려 해도 뜻대로 되지 않았다. 잠시 정신을 잃었다가 눈을 떠 보니 구급차와 경찰차가 와서 주변이 소란스러웠다. 나는 아들 권욱이를 찾았다.

"권욱아, 괜찮니?"

다섯 살이었던 아들이 어른스럽게 대답했다.

"엄마 아빠, 저는 괜찮아요. 엄마 아빠는 괜찮으세요?"

가족들이 무사한 것을 확인하고 몸을 일으키려는데 다리가 움직이지 않았다. 무릎을 만져보니 뼈가 산산조각이 나서 우둘투둘한 느낌이 그대로 전해졌다. 사고가 나던 순간 무릎으로 차 앞에 있는 서랍을 들이받았던 것이다. 결국 나는 들것에 실려 병원 응급실로 이송되었다. 지금 생각해 보면 시속 80킬로미터로 달리던 두 대의 차가 정면충돌했는데 아무도 죽지 않고 모두가 살았다는 게 기적이었다.

운전을 했던 친구는 특별히 다친 곳 없이 인대만 늘어나서 목발을 짚고 나를 찾아왔다. 친구를 보자마자 나는 병원 침대에 누워 이렇게 말했다.

"하나님은 정말 살아 계신다."

"하나님이 살아 계셔서 이렇게 매를 치시는구나."

"내가 맞을 때가 되어서 이렇게 된 거야."

그날 밤 비가 참 많이 내렸다. 정말 고통스러웠지만 한편으로는 하나님 안으로 완전히 들어왔다는 생각에 마음이 평안했다. 세상에 마음을 줄 때는 두렵고 불안했는데 하나님 앞에 온전히 자복하니 마음이 평안했다.

다음 날 아내와 아들이 왔다. 나는 큰 부상을 입었지만, 감사하게도 아내는 다리 한쪽에 상처를 입고, 아들은 머리가 조금 찢어진 정도였다. 아들도 바로 치료를 해서 외상이 크지 않았고 정밀 검사를 했을 때도 뇌에 이상은 없었다. 나중에 아들은 교통사고 후유증으로 머리가 아파서 몇 년 동안 잠을 제대로 자지 못했다. 하지만 하나님께서는 결국 그것도 다 치유해 주셨다.

나는 부산에서 응급치료를 받은 후 서울에 있는 병원으로 옮겨와 대수술을 받았다. 세 조각 난 무릎 뼈 중에 두 조각은 빼내고 끊어진 힘줄을 연결시키는 수술이었다. 수술은 성공적으로 끝났지만 나는 5급 장애 판정을 받았다.

## 걸어 나갈 수 있게만 해주신다면
### —"도대체 주말에 무슨 운동을 하는 거요"

6개월의 병원 생활 중 3개월은 다리에 깁스를 했고 나머지 3개월은 물리치료와 재활 치료를 받았다. 처음 깁스를 풀었을 때는 다리가 전혀 움직이지 않았다. 오죽하면 재활 치료사가 "이런 다리는 처음 본다"며 한숨을 쉴 정도였다. 다치기 전에 주위에서 "물리치료, 재활 치료 참 어렵다더라", "다 큰 장정들도 힘들어서 엉엉 운다더라"라는 말을 들은 적은 있지만, 직접 겪어보니 정말 눈물이 날 만큼 고통스러웠다.

재활 치료를 받으면서 나는 하나님께 진심으로 회개했다. 방황했던 시간들, 하나님을 외면하고 세상에 마음 주었던 삶들, 하나님과의 약속을 잊어버리려 했던 마음. 그 모든 것을 회개하고 자복했다. 그리고 병원에서 걸어 나갈 수 있게만 해주신다면 신학 공부를 하겠다고 간절히 기도드렸다.

병원에 있을 때, 재활 치료도 고통스러웠지만 무엇보다 교회에 자유롭게 갈 수 없다는 것이 가장 힘들었다. 예배가 너무나 그리웠다. 하나님의 성전에서 마음껏 예배드리는 것이 얼마나 큰 은혜이며 축복인지를 이때 깨달았다. 예배드리고 싶은 마음이 간절해서 오토매틱 차를 빌렸다. 그리고 의자를 뒤로 쭉 뺀 상태로 운전을 해서 교회에 갔다. 차에서 내린 다음 예배당까지 갈 때는 다리에 힘이 없어서 한 발 한 발 조심스럽게 걸어야 했다. 옆에 지나가던 사람이 살짝이라도 건드리면 바로 자빠질 정도로 다리가 제 구실을 못했다. 그래도 예배를 사모하는 마음으로 주일마다 죽을힘을 다해 교회에 갔다.

그렇게 주일에 교회에 다녀오고 나면 재활 치료사가 내 상태를 보고 깜짝 놀랐다. 꿈쩍도 하지 않던 다리가 30도씩 접히는 것이 아닌가. 믿기지 않는 광경을 보며 재활 치료사가, "도대체 주말에 무슨 운동을 하기에 다리가 잘 움직여져요?"라고 하며 놀라움을 감추지 못했다.

그렇게 월요일마다 기적을 체험했고 결국 다리를 끝까지 접을 수 있게 되었다. 하지만 무릎의 뼈를 두 조각이나 뺐고 그 사이의 힘줄이 늘어나서 다리가 힘을 받질 못했다. 비록 절뚝거리긴 했지만 그래도 기도했던 대로 걸어서 퇴원할 수 있었다. 병원 생활 6개월 만의 일이었다.

지금도 설교나 간증을 할 때마다 내가 웃으며 하는 이야기가 있다.

"기도는 구체적으로 해야 한다. 그때 내가 너무 급해서 '그냥 걸어서 나가게만 해주시면 신학을 하겠습니다'라고 기도했더니 하나님께서는 그 기도에 응답하셔서 걸어 나가기는 했지만 절룩거리며 나가게 하셨다."

그때 내가 좀 더 구체적으로 "정상적으로 걸어 나가게 해주시면 신학을 하겠습니다"라고 기도했더라면 아마 지금 장애 없이 살고 있을지도 모른다.

## 하나님의 방법으로 보상해 주시다
### —"이 사고의 가해자는 나예요"

　병원에서 치료를 받고 있을 때 가해자 측에서 합의를 해달라고 찾아왔다. 20대 청년이 음주운전을 하다 중앙선을 넘었으니 형사 입건되어 감옥에 가게 된 것이다. 청년의 어머니가 부산에서 서울로 찾아와 애원했다. 아들이 감옥에 가지 않게 제발 합의해 달라는 것이었다. 이 정도의 장애가 생기면 그 당시에는 합의금으로 최소 3,000만 원 정도는 내야 했다. 학교 교사라는 가해자의 아버지가 그런 큰돈이 있을 리도 없지만 처음부터 나는 보상에 관심이 없었다. 패역한 나 때문에 일어난 교통사고라는 걸 잘 알고 있었기 때문이다. 영적인 관점에서 보면 가해자는 그 청년이 아니라 나라는 생각이 들었다.

　또한 나는 하나님에게 징계받은 것을 인간에게 보상받는 것 자체가 잘못이라고 생각했다. 그때 내 아내도 다리를 다치고 입원해 있어서 우리는 간병인을 쓸 수밖에 없었다. 나는 그 청년의 어머니에게 보험회사에서 지급하지 않는 간병비만 달라고 하고 합의해 주었다.

　주위 사람들은 우리 부부의 그런 결정을 이해하지 못했다. 장애도 있고 앞으로 후유증도 생길 텐데 그 병원비를 어떻게 감당할 거냐며 난리였다. 그러나 나는 하나님께 받은 징계를 인간의 보상으로 희석시키고 싶지 않았다. 오히려 나 때문에 고통받은 가해자를 위해 기도했다.

병원에 입원해 있는 동안 보험회사에서 보상 처리를 하겠다고 찾아왔다. 그들이 제시한 금액은 700만 원 정도였다. 나의 장애와 현재 수입을 따져 볼 때 그 이상은 보상할 수 없다고 했다. 하지만 그 돈으로는 앞으로 발생할 후유증에 대한 치료비도 되지 않을 것 같았다.

나는 그 문제를 놓고 기도했다. 하나님께서는 결국 손해사정인을 통해 보험회사와 협상해 5,000만 원이 넘는 보상금을 받게 해 주셨다. 하나님으로부터 받은 징계를 인간에게 보상받지 않은 것을 보시고 몇 배로 보상해 주신 것이다.

그 사고로 나는 5급 장애인이 되었다. 많은 의사들이 나에게 몇 년 뒤에 관절염으로 많은 고통이 있을 것이라고 했다. 하지만 20년이 지난 지금까지 한 번도 아픈 적이 없다. 나는 매일 하나님의 자비하심을 체험하며 산다.

## 징계도 선(善)으로 사용하시는 하나님
### —"너희가 믿는 그 하나님, 나도 믿어 보겠다"

부산에서 교통사고가 난 후 나는 하나님의 살아 계심을 다시 한 번 체험했고 모든 것을 하나님 앞에 내려놓았다. 그러자 어느 때보다 마음이 평안했다.

양가의 어른들과 형제들은 미래에 대한 염려 때문에 걱정이 많았다. 나 역시 장애인으로 일생을 살아야 한다는 생각에 두렵기도 했다. 또 병원 생활 때문에 아내와 아들과 떨어져 살아야 해서 늘 가족이 걱정됐다. 사고 때문에 여러 가지 안타까운 일들이 많았지만 기쁜 소식도 있었다.

평생 불교 신자로 절에서 살다시피 한 아내의 할머니가 놀라운 고백을 하신 것이다.

"이렇게 큰 교통사고를 당했는데도 너희가 산 것은 다 너희가 믿는 하나님께서 지켜 주신 덕분이 아니겠니? 나도 오늘부터 너희들이 믿는 그 하나님을 믿겠다."

그날 이후 할머니는 교회에 등록하셨고 임종하실 때까지 열심히 믿음 생활을 하셨다. 할머니뿐 아니라 작은아버지 가정을 비롯한 처가의 모든 식구들이 주님을 영접하는 큰 축복이 있었다.

할머니는 주님을 영접하고 몇 년 후 하늘나라에 가셨다. 임종 직전에 손자사위인 나를 몹시 찾으셨다고 한다. 할머니가 위급하다는 소식을 듣고 이른 아침에 내가 병원에 달려갔을 때에는 이미 소천하신 뒤였다. 할머니께서 왜 그렇게 나를 찾으셨는지는 정확히 모르지만 아마 복음을 전해 준 것이 고마워서 찾으신 게 아닌가 싶다.

모두가 불행하다고 본 교통사고가 우리 가족에게는 큰 축복의 선물이 되었다.

"우리가 알거니와 하나님을 사랑하는 자 곧 그의 뜻대로 부르심을 입은 자들에게는 모든 것이 합력하여 선을 이루느니라"(롬 8:28).

## 신학의 길을 가려 했지만
## —"다시는 미국에 들어오지 마"

병원에서 퇴원한 후 신학의 길을 걷기 위해 광나루에 있는 장로회신학대학원을 찾아갔다. 학교 근처에 있는 서점을 방문해 신학대학원 시험에 필요한 책을 달라고 했더니 관련 서적을 산만큼 쌓아서 주는데 도저히 엄두가 나지 않았다.

대학을 갓 졸업한 사람도 삼수, 사수를 해야 입학할 수 있다는데, 이렇게 늦은 나이에 공부해서 언제 목회를 시작하나 싶었다. 이것은 하나님의 뜻이 아닌 것 같았다.

그때부터 나는 '선교'에 마음을 두게 되었다. 하나님의 매를 맞지 않으면서 가장 편하게 선교할 수 있는 길이 무엇인지 고민했고 좋은 방법도 생각해 두었다. 외국에서 공부하고 그곳의 선교기관에서 직원으로 일하면 편하게 하나님의 일을 할 수 있을 것 같았다.

그래서 미국 시애틀에 살고 있는 형에게 연락해서 내가 갈 수 있는 학교를 찾아봐 달라고 했다. 나는 루터신학대학에 지원하기로 마음먹었다. 루터신학대학은 토플(TOEFL) 점수가 500점 이상이면 받아 주겠다고 했다. 마흔이 가까운 나이에 치르는 시험이고 더더욱 영어 시험이라 내심 걱정이 되었다. 거기다 점수 결과에 따라 인생의 향방이 달라지니 떨리기까지 했다.

다행히 나는 처음 치른 시험에서 580점이라는 좋은 점수를 받았고, 미국으로 가서 인터뷰를 하고 입학 허가서도 받아 왔다. 그런 다음 미국 영사관에 비자를 신청했고 비자를 받기 위해 인터뷰를 기다렸다.

당시에는 미국 비자를 받는 게 몹시 까다로웠다. 특히 목사와 신학생은 비자 받기가 더 어려웠다. 목회 사역, 신학 공부를 하면서 불법과 편법으로 미국에 남아 있는 사람들이 많았기 때문이다.

내가 루터신학대학에 가기 위한 비자 발급을 준비할 때도 주위에서 많이 말렸다. 차라리 일반 대학으로 지원한 다음에 신학교로 편입을 하는 편이 낫다고 했다.

하지만 나는 이곳까지 인도하신 분이 하나님이시고, 하나님께서 이제 나를 주의 종으로 쓰기로 하셨기 때문에 대번에 길을 열어 주실 거라고 굳게 믿었다. 나는 하나님께 모든 것을 맡기고 일을 차근차근 진행했다.

"이렇게 늦은 나이에, 한국에도 신학교가 많은데 왜 굳이 미국에서 신학을 공부하려 하나요?"

영사의 질문에 나는 이렇게 대답했다.

"앞으로 선교를 해야 하기 때문에 꼭 미국에서 공부하고 싶습니다."

그랬더니 영사가 다시 물었다.

"신학 공부를 마친 후에 한국에 다시 들어갈 건가요?"

그때 그렇다고 대답했어야 하는데 이런 말이 튀어 나왔다.

"그건 나도 모릅니다. 오직 하나님께서 결정하시는 대로 따를 것입니다."

그 대답을 들은 영사는 불법체류를 할 가능성이 농후하다며 학생 비자는 물론, 이전에 우리 가족이 받아 놓았던 유효기간 5년의 관광 비자까지 모두 취소시켜 버렸다. 다시는 미국에 들어오지 말라는 뜻이었다. 당황스럽고 눈앞이 캄캄했다. 하나님께 서원한 대로 신학을 하려는데 왜 막으시는지 알 수 없었다. 그 후로 3년 동안 나는 갈 바를 알지 못한 채 긴 방황의 시간을 보냈다.

# Part IV.
## 하늘 문을 열고 부어 주신 하나님

Chapter 8

# 고통스러운 가난 중에도
# 함께하신 하나님

가방 세 개만을 들고 무작정 찾아간 미지의 땅 뉴질랜드, 하나님께선 나와 우리 가족들을 어떻게 인도하실까? 우리의 미래도 저 햇살처럼, 저 푸른 바다처럼 눈부실 수 있을까?

**미지의 땅 뉴질랜드**
**―"뉴질랜드? 어디 있는 거지?"**

방황은 길었고 하나님은 오래 기다리셨다. 교통사고로 어린아이를 치고 주의 종이 되겠다고 서원한 후 13년이 흘렀다. 어린아이를 차로 쳤을 때 나는 하나님께 따지듯 물었다.

"하나님! 왜 저 때문에 이 아이를 다치게 하십니까? 제 다리 하나만 부러뜨리셨으면 회개하고 돌아왔을 텐데요."

그때 하나님께서는 이렇게 답하셨다.

"다음은 네 차례야."

하나님의 경고대로 나는 매를 맞았고 무릎이 박살났다. 그런데 걸어서 병원을 나가게만 해주시면 바로 신학을 하겠다고 서원한 뒤에도 3년을 방황했다. 나는 정말로 패역한 인간이었다.

목회자들의 간증을 들어 보면 부흥 집회에서 설교를 듣고 하나님의 부르심에 응하여 바로 목회의 길을 걸었다는 사람도 많던데, 나는 그 긴 세월 동안 방황하면서 하나님을 기다리게 했던 것이다.

방황하는 3년 동안에도 하나님은 견딜 수 없는 두려움을 주셨다.

"그래, 내가 너를 때려도 돌아오지 않는구나. 그럼 다음은 네 아들 차례다."

이런 말씀이 들려오는데 도저히 견딜 수가 없었다. 아들이라고는 하나밖에 없는데, 그것도 바싹 말라서 다른 아이들에 비해 너무 약한데, 저 아들이 매를 맞으면 어떡하나? 지난번 교통사고 때 머리를 다쳐서 한동안 잠도 못 자고 두통에 시달렸는데……. 걱정 때문에 하루하루 두려움은 커져만 갔다. 또 다른 매를 맞기 전에 어느 신학교든 가야 할 것 같았다.

한전에 근무하던 시절, 서울 시내에 있는 한전 아파트에 살았는데 바로 옆집에 살던 이웃 직원이 뉴질랜드로 이민을 갔다. 나는 그 친구에게 전화해서 혹시 신학교를 알아봐 줄 수 있는지 물었다. 그 친구는 마침 이웃에 아는 전도사님이 있다며 소개해 주겠다고 했다. 그렇게 나는 그 전도사님이 다니던 하나님의 성회(Assembly of God, AOG) 신학교에 지원하기로 했고, 감사하게도 입학 허가를 받았다.

사실 나는 그때까지만 해도 뉴질랜드가 낙농 국가라는 것만 알았지, 어디에 있는지도 몰랐고 관심도 없었다. 부끄러운 이야기지만 나는 뉴질랜드가 유럽에 있는 나라인 줄 알았다.

입학 허가를 받자마자 우리 가족은 여행용 가방 세 개만을 챙겨서 미지의 땅 뉴질랜드로 향했다. 미래에 대한 두려움 때문에 뉴질랜드로 가는 내내 도살장에 끌려가는 심정이었다.

1995년 4월 8일, 오클랜드 공항에 도착했다. 학교를 소개해 주고 입학을 도와준 전도사님이 공항으로 우리를 마중 나와 있었다. 차를 타고 가면서 오클랜드 중심에 있는 하버브리지를 건널 때, 뉴질랜드의 바다를 보고 나는 눈을 떼지 못했다. 눈부신 햇살 아래 물감을 풀어 놓은 듯 푸르고 투명한 바다는 너무나 멋진 장관이었다. 하지만 찬란한 뉴질랜드의 자연 속에서 마냥 즐겁기만 한 건 아니었다. 하나님께서는 우리 가족들을 어떻게 인도하실까? 우리의 미래도 과연 저 햇살처럼, 저 푸른 바다처럼 눈부실 수 있을까? 두렵고 막막했다.

한국에서 집과 차를 다 팔고 가방 세 개만 들고 무작정 찾아온 미지의 땅 뉴질랜드. 누구에게 후원을 받는 것도 아니고, 집을 판 돈으로 유학을 왔으니 실패라도 하면 돌아갈 곳마저 없는 상황이었다.

차로 한 시간가량 달려 전도사님 댁에 도착했다. 전도사님 댁 바로 옆집에 방을 얻었으나 한 달을 기다려야 해서, 그동안 그 전도사님 댁에서 같이 지내기로 했다. 전도사님 댁은 기대와 달리 판잣집처럼 초라했다. 방 두 개짜리 좁은 집에서 두 가정이 지내기가 무척 불편했지만 그래도 당분간 지낼 곳이 있어서 감사했다.

한 달 동안 전도사님 가족들과 지낸 후에 집을 옮겼다. 방 두 칸짜리 집을 빌렸는데, 집이 너무 낡아서 곰팡이 냄새가 심했다. 축축한 카펫에서 침대도 없이 잠을 잤고, 과일도 제대로 못 먹는 생활이 이어졌다.

과일 가게에서 상한 과일을 싸게 팔기도 했는데, 이런 상한 과일을 잔뜩 가져와 성한 부분만 골라 먹었다. 그렇게라도 가족들에게 과일을 먹여 주고 싶은 심정이었다. 어느 날 아내가 앞으로는 이런 과일들을 사오지 말라고 했다. 쓰레기봉투 값이 더 드니 차라리 안 먹는 것이 낫다고 했다. 마음이 무척 아팠다.

그동안 한국에서 편하게 살았는데, 다시 시작되는 가난은 나와 가족들에게 너무나 큰 고통이었다. 게다가 신학 공부가 얼마나 길어질지, 뉴질랜드에서 하나님이 어떻게 인도하실지 알 수가 없어서 그릇도 가져오지 못한 상태라 여행용 코펠을 사용해서 음식을 만들어 먹었다.

하지만 아무리 좋은 코펠이라도 일반 그릇만큼 튼튼하지는 않았다. 여기저기 구멍 난 코펠 그릇을 닳고 닳도록 쓰다가, 결국은 벼룩시장을 찾아다니며 누군가가 쓰다 버린, 조금씩 깨지고 이가 나간 그릇을 구해 와서 사용했다. 그야말로 나그네 삶이었다. 어린 아들이 먹고 싶다는 1불짜리 햄버거조차 사주지 못할 정도로 마음의 여유가 없었다. 그렇게 아끼며 생활해도 돈은 빠른 속도로 줄어들었다. 잔고를 확인할 때마다 정말 심장이 녹는 것 같았다.

아들이 초등학교 3학년 때였는데, 아이가 학교에서 돌아오면 사과에 붙은 상표 스티커를 떼다가 자기 공책에 열심히 붙였다. 그 이유를 물었다. 요즘 스티커 붙이기 놀이가 유행이라며 친구들은 모두 스티커 책을 갖고 있는데 자신은 5불짜리 스티커 책이 없어서 사과에 붙은 스티커를 공책에 붙이는 거라고 했다. 갖고 싶지만 어려운 집안 사정을 알고 있기 때문에 차마 말을 꺼내지 못했던 것이다. 마음이 아팠지만 한편으로는 아들이 대견스러웠다. 그래서 스티커 북을 하나 사주었더니 얼마나 좋아하던지, 지금도 그 모습을 잊을 수가 없다.

어린 나이에 반짝거리는 스티커를 가지고 친구들과 어울려 놀 수 있다는 것에 얼마나 신이 났을까? 게다가 이 녀석이 얼마나 재주가 좋은지, 제일 싼 스티커를 가져다가 값비싼 스티커로 바꿔왔다. 이제는 웃으며 이야기할 수 있지만 당시에는 부모로서 참 안타깝고 측은했다.

마흔이 가까운 나이에 영어로 공부해야 하는 것도 힘들었다. 그동안 하나님께서 영어 공부를 계속 할 수 있게 인도하셨기 때문에 나름대로 자신이 있었는데, 학교에 오니 아무것도 들리지 않았다. 말하는 것은 더욱 어려웠다. 학교에 간 첫날, 내 소개를 했더니 옆에 있던 뉴질랜드 학생이 말했다.

"인사를 영어로 해야지, 왜 한국말로 하나요?"

그 친구가 내 한국식 발음을 알아듣지 못한 것이었다. 상황이 이러니 의사소통이 잘될 리 없었다. 집에 돌아와 새벽 2시까지 공부를 해도 과제물을 제출하기가 어려웠다. 영어로 신학을 공부한다는 게 너무 고통스러웠다.

물론 제일 큰 고통은 미래가 보이지 않는다는 것이었다. 뉴질랜드에 올 때는 신학을 마치고 현지 선교 단체에 취직해서 선교하겠다는 마음이었는데, 알아보니 선교 단체에서 일하는 사람은 거의 다 자원봉사자이기 때문에 나 같은 동양인이 취직해서 월급 받으며 일할 곳은 없었다. 내 꿈은 이뤄질 가능성조차 없어 보였다.

수중에 돈은 줄고, 미래는 보이지 않고, 신학교를 졸업해도 나를 불러 줄 곳이 없다는 사실 때문에 절망스러웠다. 오죽하면 새벽에 공부를 하다가 책을 집어던져 버렸을까. 정말 하나님께 매 맞을까 봐 죽지 못해서 하는 공부였다.

1년이 지나니 더 이상 공부할 의욕이 생기지 않았다. 생활비 때문에 아르바이트라도 구해 보려고 백방으로 알아보았다. 그러나 나이 든 동양인을 써주는 곳은 없었다. 게다가 다리에 장애까지 있어서 노동도 할 수 없는 형편이었다. 내가 할 수 있는 건 오직 한 가지, 매일 밤 하나님 앞에 엎드려 기도하는 것뿐이었다. 내가 여기서 무엇을 해야 하는지, 무엇을 할 수 있을지 하나님께 여쭙는 것 외에는 할 수 있는 일이 없었다.

## 영어 연수 과정 개설과 학생 모집
## —"유학 갈 아이들은 다 간 것 같으니 이제 돌아갑시다"

미래에 대한 두려움 속에서 오직 기도로 매달리던 어느 날, 하나님께서 놀라운 지혜를 주셨다. 그때는 이민의 문이 열려서 뉴질랜드로 이민 오는 한국 사람들이 많았고, 공부하러 오는 유학생들도 급증하는 추세였다. 하나님께서는 내가 다니던 신학교에 영어 과정을 개설해서 유학생들을 신앙 안에서 공부시키라는 마음을 주셨다.

나는 신학교 학장님에게 영어 과정을 개설하자고 제안했다. 그 당시 신학교의 재정이 어려웠기 때문에 유학생이 많이 오면 신학교도 도울 수 있고 내 미래도 열릴 수 있을 것 같았다. 제안을 들은 학장님은 좋은 생각이라면서 교단측과 상의해 본 후에 답을 주겠다고 했다. 바로 답이 오리라 생각했지만 1년이나 기다려야 했다. 애타는 심정으로 하루하루를 보냈다.

기다림 끝에 교단의 대표 목사님 두 분이 나를 찾아왔다. 교단에서 회의하고 검토한 결과, 이 일을 추진하지 않기로 결정했다고 했다. 실오라기 같은 희망을 붙잡고 1년이나 기다렸는데 이제 와서 안 하겠다니. 나는 되지도 않는 짧은 영어로 두 시간 동안 그분들을 설득했다.

"하나님께서 하라고 하시는 일인데 왜 이렇게 믿음이 없습니까? 하나님께서 다 책임지실 것입니다."

내 말을 들은 두 목사님이 한참 생각하더니 한 번 더 회의를 해 보겠다고 했다. 이 땅에서는 내가 할 수 있는 것이 아무것도 없는 것 같아 참으로 막막했다.

2개월 후 그분들이 다시 나를 찾아왔다.

"우리가 회의를 해봤지만 안 하기로 했습니다. 하려면 당신 혼자 하십시오. 원하면 신학교의 이름을 빌려 줄 테니 수익금은 신학교로 입금하세요."

말도 안 되는 제안이었지만 신학교와 연계해서 취업 비자라도 받아야 하는 처지였기 때문에 해보겠다고 말했다. 신학교도 당장 영어 과정을 개설할 여건이 되지 않아서, 한 크리스천 랭귀지 스쿨과 연결하여 그 학교 안에 크리스천 영어 과정을 개설할 수 있었다. 결국 나는 신학교를 휴학하고 학생들을 모집하기 위해 무작정 한국으로 갔다. 하지만 한국에 가도 막막하긴 마찬가지였다. 광고를 낼 수 있는 형편도 아니고 학생을 모집할 만한 사무실도 없으니 어떻게 해야 할지 난감했다.

그러나 여호와 이레 하나님께서는 나보다 먼저 모든 것을 준비해 두셨다. 신학교에서 함께 공부했던 분을 통해 여의도 순복음교회와 연결되었고, 순복음교회 내 미주선교회에서 학생을 모집할 수 있도록 인도해 주신 것이다. 사실 순복음교회 안에서는 어떤 영업 활동도 금지되어 있어서 학생을 모집하는 건 있을 수 없는 일이었다. 더구나 내가 순복음교회 교인도 아닌데 누가 이런 일을 허락하겠는가? 오로지 하나님의 역사였다.

하나님의 은혜로 순복음교회 가족신문을 통해 모집 광고가 나가게 되었다. 매주 70만 성도가 보는 신문에 광고가 나간다니 얼마나 기대가 컸는지 모른다. 신문이 나간 다음 날, 기대하며 전화가 오기를 기다렸다. 하지만 아무 반응이 없었다. 수요일, 금요일 예배가 지날 때까지 전화를 기다렸지만 역시 아무 소식이 없었다. 그 실망과 허탈감이란 이루 말할 수 없었다.

그러나 내 마음속에는 사무실을 준비해 주신 하나님께서 학생들도 보내 주실 거라는 믿음이 있었다. 나를 도와주었던 그분은 한국에서 개인적인 일들을 마치고 몇 주를 지켜보다 먼저 뉴질랜드로 돌아갔다.

"유학 갈 아이들은 이미 다 간 것 같은데 그만 돌아갑시다."

하지만 나는 하나님이 역사하고 계심을 분명히 보았기에 혼자 남아서 학생들을 기다렸다. 얼마 뒤에 하나님은 〈국민일보〉를 통해서 학생을 모집할 수 있는 기회를 허락하셨다.

"뉴질랜드 하나님의 성회 신학대학 영어 연수생 모집"

돈이 없어 광고를 내지는 못했지만 신문 한 구석 알림란에 짤막한 기사가 실렸다. 그런데 너무 작아서 찾아보기도 힘든 이 기사가 나간 후 기적이 일어났다. 하루 종일 세 대의 전화기에 문의가 폭주한 것이다. 이 기적을 통해 첫해에 스물여덟 명의 학생을 모집하게 되었고 영어 과정을 개설할 수 있었다. 모든 것이 하나님의 은혜요, 기적이었다.

학교는 순조롭게 운영되었고 나는 미래에 대한 큰 소망을 가지게 되었다. 6개월 과정을 성공적으로 마친 후 2차 학생 모집을 위해 다시 순복음교회를 찾았다. 그런데 미주선교회가 없어져서 더 이상 학생을 모집할 곳이 없었다. 나는 다시 하나님 앞에 엎드려 기도했다. 하나님께서는 '학원선교회'라는 곳으로 인도하셨고 그곳에서 계속해서 학생들을 모집할 수 있게 여건을 허락하셨다.

그때 한국은 IMF가 발생하기 1년 전이어서 국가 재정이 어려웠다. 이런 상황에서 학생을 모집하는 건 힘든 일이었다. 한겨울인데도 나는 매일 밤 도봉산 영락기도원에 가서 눈물로 하나님께 지혜를 구했다. 하나님께서는 여러 가지 어려운 상황 속에서도 서른여섯 명의 학생을 보내 주셨고 영어 과정을 계속 운영할 수 있었다.

## 내 인생에 가장 힘들었던 6개월
### —"처음으로 한 금식 기도"

두 번째로 모집한 서른여섯 명의 중·고등학생이 영어 과정을 마친 후 현지 학교에 진학하는 데 어려움이 없도록 특별 영어 과정을 개설했다. 하지만 그 여섯 달이 내 인생에서 가장 힘들고 고통스러운 시간이 될 줄은 몰랐다. 처음 왔던 스물여덟 명과 달리 두 번째로 모집된 중·고등학생 아이들은 문제가 많았다. 매일 사고 치고, 담배 피고, 술 마시고, 패싸움을 하다가 경찰서에 끌려가 조사받기 일쑤였다. 경찰서 유치장에 있는 아이들을 데려와야 할 때도 있었다.

학생들을 데리고 있던 홈스테이 가정에서는 "이 몬스터(괴물)를 당장 데려가"라며 매일 밤 전화를 해댔다. 학생에게 문제가 생겨서 전화하면 부모들은 도리어 화를 내면서 아이를 망쳐 놨다고 소리를 질렀다. 시차를 생각하지 않고 전화로 항의를 해서 잠을 설치는 건 기본이었다. 아내와 나는 전화벨만 울려도 가슴이 철렁했다.

교민들은 우리 학교의 문제아들이 본인들의 자녀까지 물들인다며 당장 학교 문을 닫으라고 협박했다. 교민 신문에 투서를 보내 우리 학교가 무허가 학교라는 거짓 기사까지 내보내기도 했다. 어떤 교민은 우리 학생들을 빼돌려서 다른 학교에 보내고 이익을 챙기려 일을 꾸미기도 했다.

한번은 학부모들이 학교를 방문해서 자녀들이 묵고 있는 홈스테이 가정을 방문한 적이 있었다. 그런데 자신들이 낸 홈스테이 비용과 홈스테이 가정이 받는 금액이 20불 정도 차이가 난다는 걸 알고 난리를 쳤다. 뉴질랜드 내에 있는 모든 학교는 홈스테이 관리 비용으로 20~30불 정도를 받는데 이 사실을 몰랐던 것이다. 더구나 그 20불은 현지 학교가 받는 것이라 나와는 아무 상관이 없는데도 그들은 선교사가 아이들 돈을 사취한다며 우겼고 삿대질을 그치지 않았다.

나는 참다못해 책상을 한 번 쾅 치면서 이야기했다. 그랬더니 한 학부모가 '선교사가 사람 친다'며 소리를 지르고 사람들을 불러 모았다. 그러고는 갑자기 자기 웃통을 걷어 올리고 목청을 높였다.

"나, 이런 사람이야! 나 건드리면 다 죽어! 알았어?"

그 남자의 상체에는 가슴에서 배까지 가로지르는 엄청 큰 칼자국이 선명했다. 순간적으로 나는 소름이 돋으면서 움찔했다.

'조폭인가? 이 사람 정체가 뭐야?'

머릿속으로 온갖 생각이 다 지나가던 그때, 이 남자는 나를 노려보며 말했다.

"나, 대장암 수술 받은 사람이야. 나 건드리지 마!"

지금이야 웃으면서 이야기할 수 있지만, 당시에는 너무나 고통스럽고 괴로운 날들의 연속이었다.

이런 일을 겪을 때마다 나는 하나님 앞에 엎드렸다. 억울하고 분해서 견딜 수 없었다. 진실이 통하지 않는 상황 속에서 어떻게 교육 선교의 꿈을 펼칠 수 있단 말인가? 평생 크리스천으로 살아왔지만 변변하게 금식 기도 한 번 하지 않던 내가, 이때 처음으로 금식 기도를 하게 되었다.

지금 생각해 보면 그 모든 과정이 하나님께서 나를 사용하시기 위한 특별 훈련이었다. 사람을 의지하고 환경을 바라본 잘못된 믿음을 오직 하나님 한 분만 바라보고 의지하도록 변화시키신 것이다. 나이 마흔이 다 돼서 주의 일을 하려는 나의 모나고 부족한 점들을 고치시려는 하나님의 크신 계획이었다.

하지만 당시에는 그런 것을 생각하고 되돌아볼 여유가 없었다. 상처가 너무 커서 학교 일은 하지 않게 해달라고 하나님께 기도했다. 그런데 6개월 뒤 한국에 IMF가 터졌다. 한국 유학생을 대상으로 운영하던 뉴질랜드 내 학교 대부분이 도산했다. 우리도 더 이상 학생을 모집할 수 없어서 학교 문을 닫았다.

"주님, 다시는 학교 일 하지 않게 해주십시오. 그리고 제발 일 년만 좀 쉬게 해주십시오."

학교 문을 닫고 가장 먼저 했던 기도다.

그 후로 나는 매일 골프장에 갔다. 뉴질랜드에서는 골프가 대중 스포츠라 1년 회원권이 15만 원 정도 했다. 한 번도 쳐본 적이 없어서 자치기하는 수준이었지만 매일 공을 치며 마음을 달랬다. 골프를 친 다음에는 유황 온천에서 온천욕을 즐겼다. 그러다 보니 어느새 그것들이 내 삶이 되어 버렸다. 그렇게 9개월을 보내고 있는데 기어이 일이 터지고 말았다.

그날따라 골프장에 가기 싫다는 아내를 설득해서 골프장에 같이 갔다. 나는 골프를 치고 아내는 멀리서 구경하고 있었다. 그런데 장거리용 1번 우드로 힘껏 친 공이 희한하게 반대편에 있는 아내에게로 날아가는 것이 아닌가?

"공, 공!"

1번 우드 공은 사람이 맞으면 죽을 수도 있기 때문에 나는 공포에 질려 소리쳤다. 다행히 아내가 순간적으로 등을 돌려서 얼굴이나 머리가 아닌 등에 맞았다. 천만다행이었지만 아내가 얼마나 아파했는지 모른다. 내 몸에서는 식은땀이 흘렀다. 내가 친 골프공에 사랑하는 아내를 잃을 수도 있었다. 그제야 하나님이 경고하고 계시다는 것을 깨달았다.

내가 잊어버리고 싶어서 몸부림치던 하나님의 뜻, 하나님의 계획. 그것을 더 이상 외면할 수 없었다. 내가 뉴질랜드에 온 이유는 골프를 치기 위함도, 온천을 즐기기 위함도 아니었다. 신학 공부를 마치고 하나님의 종으로 쓰임 받기 위함이었다. 나는 중단했던 신학을 마치기 위해 오클랜드로 이사할 준비를 했다.

## 기도 중에 들려주신 음성
### —"5년 안에 너에게 영어 학교와 선교 센터를 주겠다"

골프 사건 때문에 신학교에 복학했지만, 미래에 대한 두려움은 여전했다. 가진 돈은 점점 떨어져 가고 집세를 내는 것도 점점 어려워졌다. 나는 그저 밤마다 하나님께 엎드려 간구할 뿐이었다.

"하나님! 신학을 하라고 이곳까지 인도하셨는데 제가 앞으로 무엇을 해야 하나님께 쓰임 받을 수 있겠습니까? 신학을 마쳐도 일할 곳이 없습니다. 돈은 떨어져 가는데 저는 영주권도 없습니다. 어떻게 하면 좋습니까?"

밤마다 눈물로 기도를 드리는데 하나님의 음성이 들려왔다.

"염려하지 마라. 5년 안에 너에게 영어 학교와 선교 센터를 세워 주겠다."

믿기지 않고 믿을 수도 없는 음성이었다. 그러나 하나님의 말씀은 매일 밤 동일하게 들려왔다. 처음에는 내 귀를 의심했지만, 밤마다 너무나 강하게 들려와 어느 순간부터는 나도 입으로 시인하기 시작했다.

"하나님께서 5년 안에 영어 학교와 선교 센터를 세워 주시겠다고 약속하셨습니다."

이 하나님의 약속을 만나는 사람들에게 선포하기 시작했다. 물론 이 말을 듣고 비웃은 사람들도 있었지만 나는 이 약속의 말씀을 굳게 믿었다. 그렇지만 하나님이 약속하신 5년 동안 어떻게 살아야 할지, 학비와 생활비는 어떻게 감당할지 아무 대책도 없었다.

### 영어 학교로 복귀
### —"다시 학교 일을 하라고요?"

그러던 중 함께 영어 과정을 운영했던 크리스천 랭귀지 스쿨에서 연락이 왔다. 학교의 부학장(Vice President)으로 일해 달라는 것이었다. 말이 부학장이지 한국에서 학생들을 모집하고 그 아이들을 책임져야 하는 힘든 일이었다. 학교 측에서는 사무실도 마련해 주고 여러 가지 혜택을 주려고 애썼다. 하지만 다시는 학교 일을 하지 않겠다고 마음먹은 상태라 학장직을 준다 해도 일하고 싶지 않았다. 그러나 하나님께서는 이 일을 하도록 내 마음을 강하게 밀어붙이셨다.

학생 모집을 어떻게 하나 생각하니 눈앞이 막막해졌다. 그러나 하나님께서는 기도 중에 '이번에 한국에 가게 되면 큰 기관과 일할 수 있게 길을 열어 놓을 테니 어느 장로를 만나라'라고 하셨다. 그 길로 나는 또 한국행을 감행했다.

하나님께서 연결해 주신 분은 기독교방송(CBS)과 연관이 깊고 교계에서 존경받는 귀한 장로님이었다. 나는 하나님의 응답대로 그 장로님을 만나게 되었고, 그분의 도움으로 CBS문화센터와 연계해서 일하게 되었다. 우여곡절이 있었지만 하나님은 약속하신 일을 반드시 이루셨다. 결국 첫해 영어 연수 프로그램에 참가한 학생의 수가 70명, 그 다음 120명이 될 정도로 큰 성공을 이루었다.

하나님께서는 초등학생들을 위한 프로그램에 대해서도 마음을 주셨다. 당시 초등학생들은 언어 연수를 떠나면 실패하고 돌아오는 경우가 많았다. 피하고 싶었지만 하나님께서는 이 일을 추진하게 하셨고, 나는 30여 개의 뉴질랜드 현지 초등학교에 공문을 보냈다.

한국에 가야 하는 날은 점점 다가오는데, 어느 곳에서도 긍정적인 대답이 없었다. 하나님의 뜻이 아닌가 보다, 하며 반쯤 포기하고 있는데 한국으로 가기 전날 한 초등학교로부터 연락이 왔다. 6개월만 시범적으로 운영해 보겠다는 것이었다.

한국에서 프로그램 설명회를 진행하는데, 놀라운 일이 일어났다. 설명회에 참석했던 많은 학부모들이 기도 응답을 받고 왔다고 간증하는 것이었다. 아이를 외국 학교에 보내는 일로 몇 년 동안 기도하고 있었는데, 광고를 보자마자 하나님의 응답이라는 확신이 들었다고 했다. 뜻밖의 반응을 접하면서 나는 이 프로그램을 진행하게 하신 하나님의 뜻을 깨달았다. 하나님께서는 어린 자녀들의 영어 연수를 위해 간절히 기도하는 크리스천 부모들의 기도에 응답하시려고 나를 사용하신 것이다. 하나님께서는 이처럼 놀랍게 일하신다. 결국 나는 하나님의 은혜 안에서 초등학생을 위한 프로그램을 시작하게 되었다.

기적 속에서 시작했지만, 아홉 살부터 열두 살 사이의 영어도 못하는 아이들이 부모와 떨어져 외국 가정에서 지내야 하니 문제가 생길 수밖에 없었다. 어떤 아이들은 밥을 못 먹고, 어떤 아이는 울면서 집에 가겠다고 떼를 썼다. 부모들과 홈스테이 가정에서 시도 때도 없이 전화가 왔다. 정말 기도가 아니면 해결할 수 없는 일뿐이었다.

영어 공부보다 시급했던 건 아이들의 신앙 문제였다. 믿지 않는 아이들이 많아서 일주일에 두 번씩 성경 말씀을 가르쳤다. 많은 어려움에 부딪쳤지만 아이들이 신앙으로 변화되어 가는 모습을 통해 새로운 힘을 얻을 수 있었다.

아직도 기억에 남는 사건이 있다. 어린아이들도 헤어스타일에 얼마나 민감한지, 한 아이가 뉴질랜드 미용실에서 머리를 자르고 와서는 크게 상심해 있었다. 이러다 이 아이가 우울증 걸리는 게 아닌가 싶을 정도였다.

결국 나는 직접 아이들 머리를 손질해 주기로 했다. 바리캉이라는 이발기로 한 명 한 명 해주다 보니 나중에는 요령과 기술이 생겨 5분에 한 명씩 해줄 수 있을 정도가 되었다. 하지만 여자아이들은 달랐다. 남자아이들은 이발기로 밀면 되지만 여자아이들은 아니었다. 게다가 여자아이는 남자아이보다 멋과 스타일에 더 민감하기 때문에 어려웠다.

하루는 한 여자아이가 와서 귀밑 5센티미터로 잘라 달라고 했다. 나는 혹시나 하는 마음에 귀밑 10센티미터를 기준으로 머리카락을 잘라 나갔다. 그런데 나중에 아이의 머리를 보니 어느새 귀밑 5센티미터가 되어 있었다. 그 아이의 머리를 자르는 내내 얼마나 진땀을 흘리며 노심초사했는지 모른다.

초등학생 프로그램은 이렇게 작은 일부터 신경 쓸 것이 많았다. 하나부터 열까지 다 챙기며 공부시키려니 일을 진행하는 것이 너무 힘에 부쳤다. 그런데 6개월의 과정이 끝날 무렵 부모님들로부터 2단계 영어 과정을 만들어 달라는 간곡한 부탁을 받게 되었고, 결국 7년간 초등학생 영어 프로그램을 운영하게 되었다. 이 과정을 통해 약 700여 명의 아이들이 성공적으로 영어 연수를 마쳤다. 뉴질랜드 교육부와 현지 언론은 우리의 교육 과정을 가장 성공적인 영어 연수 프로그램으로 소개하기도 했다.

어느 학부모는 아이들을 어떻게 가르쳤기에 이렇게 변화되었냐며 신기해했다. 집에 돌아간 초등학생 아이가 말끝마다 "주님의 은혜이지요", "주님이 하시는 일이지요" 했던 것이다. 이 프로그램을 통해 아이들은 믿음 안에서 성장했고, 또 믿지 않는 가정은 아이들을 통해서 하나님 앞으로 나오는 역사가 일어났다.

그때 뉴질랜드에서 공부했던 초등학생들이 지금은 대학생이 되어서 고맙다는 인사를 전하고는 한다. 그 모든 일이 가능했던 건, 내가 잘나서가 아니라 전적으로 하나님을 신뢰하고 능력과 은혜를 구했기 때문이다. 하나님이 함께하셨기에 인간의 힘으로는 감당할 수 없는 상황들을 지혜롭고 넉넉하게 이겨낼 수 있었다. 하나님이 허락하신 환경에서, 초등학생같이 작은 자들을 섬기는 데 충성했기 때문에 모든 것이 가능했다.

## 뉴질랜드 법마저도 바꾸신 하나님
### —"대학도 대학 나름이지"

뉴질랜드의 삶 속에서 가장 절실하게 필요한 건 영주권이었다. 영주권이 있으면 자녀를 무상으로 교육하고 의료 혜택도 받을 수 있다. 반대로 영주권이 없는 사람들은 삶 자체가 불안하다. 이곳에서 함께 신학을 공부했던 동료들은 영주권이 있어서 학비도 저렴했고 정부로부터 학생 수당을 받아 생활했다. 영주권이 없던 나는 그들이 안정되게 사는 모습이 무척 부러웠다.

그때는 뉴질랜드 정부가 막 이민 문을 열던 때라 영주권을 쉽게 취득할 수 있었다. 그러나 나는 영주권을 신청할 수 있는 자격조차 되지 않았다. 내가 졸업한 대학이 한국에서는 교육부가 인정하는 4년제 대학인데 이 나라에서는 그렇지 않았다. 인정을 받는다고 해도 학력 점수에서 일류 대학들이 15점을 받을 때 내가 졸업한 대학은 8점밖에 못 받았다. 그런 점수로는 도저히 영주권을 받을 수 없었다.

취업 비자 만료일은 다가오고 영주권에 대한 희망이 보이지 않을 때 하나님께서는 뉴질랜드의 이민법 자체를 바꿔 버리셨다. 어떤 대학을 졸업했든지 뉴질랜드 정부가 인정하는 대학교는 무조건 10점을 주고, 국제 영어 시험 능력(International English Language Testing System, IELTS)을 쳐서 5점 이상을 획득하도록 한 것이었다. 아시아 사람들에게 영주권을 쉽게 주지 않겠다는 뜻이었다. 사실 나이 든 동양인이 대학 입학 수준의 영어 능력을 갖춘다는 것은 쉬운 일이 아니었다. 그러나 새로운 이민법은 내가 영주권을 받을 수 있는 귀한 기회가 되었다. 지금도 나는 하나님께서 나를 위해서 뉴질랜드 이민법을 바꾸셨다고 고백한다.

"그는 때와 계절을 바꾸시며 왕들을 폐하시고 왕들을 세우시며 지혜자에게 지혜를 주시고 총명한 자에게 지식을 주시는도다"(단 2:21).

하나님께서는 이 IELTS 시험에 통과시키시려고 5년 동안 신학교 공부와 영어 학교 일로 나를 훈련하신 것이다. IELTS 시험이 무척 어려웠지만 한 번에 좋은 점수를 획득할 수 있었던 것은 전적으로 하나님의 은혜였다.

그러나 영어 점수만으로는 영주권을 받을 수 없었다. 나이와 경력, 재산과 학력에 대한 점수가 전부 충족되어야 했다. 뉴질랜드 이민성이 내가 다닌 대학을 인정해 주지 않아서 애를 먹고 있는데, 내 영주권을 담당한 변호사가 호주 이민성이 인정하는 대학이라는 자료를 첨부해 주어 신청할 수 있었다. 다른 사람들은 3개월에서 6개월이면 영주권이 나왔는데, 우리 가족은 1년이 지나서야 영주권을 받을 수 있었다.

영주권을 기다리는 시간은 길고 고통스러웠다. 뉴질랜드로 온 지 5년 만에 영주권을 받던 날, 우리 가족은 하나님께 눈물로 감사기도를 드렸다. 갈 바를 모르고 불안해하던 나그네 삶에서, 뉴질랜드 땅에서 역사하실 하나님을 기대하는 소망의 삶으로 변화된 전환점이었다.

## 아들의 학생 비자도 하나님 손에
### —"영수증을 왜 이제 보여줘?"

취업 비자로 아들의 학비를 감면받기 위해서는 아들의 비자 문제도 해결해야 했다. 하나님은 아들의 학생 비자를 받을 때도 놀라운 은혜로 다스리셨다.

당시 아들은 초등학교 3학년이었는데, 유학생이라 일 년 학비가 5,000불이었다. 내 학비도 3,000불인데 초등학생 학비가 한국

돈으로 400만 원이나 되니 눈앞이 깜깜했다. 하지만 학비를 내지 않으면 입학 허가를 받을 수 없고 그러면 학생 비자도 받지 못해 한국으로 돌아가야 하는 상황이었다.

결국 나는 교장 선생님을 찾아갔다. 그분에게 사정을 이야기하면서 아들이 학교에서 공부할 수 있게 도와달라고 부탁했다. 교장 선생님은 비자 문제는 이민성에서 하는 것이기 때문에 학교에서는 도와줄 방법이 없다고 했다. 하지만 고맙게도, '이 학생이 우리 학교에 입학하는 것을 허가한다'는 내용의 편지를 써주었다.

학비도 지불하지 않고 어떻게 비자를 받나, 반신반의하며 아내와 나는 이민성에 갔다. 우리 서류를 찬찬히 살펴보던 이민관이 학비 영수증을 보여 달라고 했다. 나는 교장 선생님의 편지를 보여 주면서 우리 사정을 이야기했다. 그랬더니 이민관이 1년 학생 비자를 내주는 것이 아닌가? 상상할 수 없는 일이었다. 남의 나라에서 학비도 내지 않고 학생 비자를 받다니! 너무 기뻐서 그 길로 학교에 갔다. 교장 선생님은 잘 되었다면서 비자를 받아 왔으니 그냥 공부하라고 하셨다. 그렇게 1년은 무사히 잘 넘어갔다.

1년 후, 아들의 학생 비자가 만료될 즈음 다시 교장 선생님을 찾아갔다. 그랬더니 감사하게도 아들 이름으로 낸 기부금 100불(일반적으로 뉴질랜드 학생들의 부모가 학교에 기부하는 금액)에 대한 영수증을 첨부해서 1년 전과 동일한 편지를 써주었다. 나와 아내는 그 서류를 들고 이민성으로 갔다. 하지만 서류를 검토하던 이민관은 학비를 낸 영수증을 가져오라면서 서류에 빨간 줄을 그었다.

나도 학생 비자를 받아야 했기에 다시 시도하기로 마음먹고, 아내와 나는 두 시간 동안 간절히 기도했다. 순서가 다가오고 어떤 이민관에게 가면 잘 해결될까 싶어서 창구의 이민관들을 쭉 살펴보는데, 원주민(마오리) 할머니 한 분이 눈에 들어왔다.

왠지 할머니한테 가서 사정을 이야기하면 비자가 나올 것 같아서 '저 할머니에게 비자 신청하게 해주세요'라고 속으로 기도했다. 드디어 우리 차례가 되었다. 놀랍게도 많은 이민관 중에서 그 할머니에게서 비자 신청을 하게 되었다.

내 학생 비자 서류와 아들의 서류를 함께 넣었더니, 역시 학비 영수증을 보여 달라고 했다. 나는 영수증은 없지만 교장 선생님이 써준 편지가 있다, 비자를 먼저 받아 오라고 했다, 라고 하며 차근차근 설명했다.

그런데 설명이 다 끝나기도 전에 할머니 이민관은 우리가 준비해 온 서류를 집어던지며 신경질을 내고 동양인을 비하하는 발언까지 했다. 얼마나 모욕적이던지, 나도 모르게 주머니에 있던 100불짜리 기부금 영수증을 꺼내면서 "영수증 여기 있다"라고 소리쳐 버렸다. 할머니 이민관은 영수증을 받더니 종이가 뚫어져라 쳐다보았다.

그 짧은 순간, 숨이 막힐 정도로 긴장되었다.

"영수증을 왜 이제야 보여 주는 거야?"

이 한마디로 아들의 1년 학생 비자가 재발급되었다. 지금 생각해도 이해되지 않는 일이다. 그 영수증에는 분명히 '기부금 100불'

이라고 써 있는데, 왜 학비 영수증으로 착각했을까. 하나님께서 그 할머니의 눈을 멀게 하신 게 분명했다. 아니면 100불을 만 불로 보이게 하셨는지도 모른다. 많은 사람들 앞에서 모욕당한 것은 마음 아팠지만, 비자가 발급됐을 때의 감사함과 기쁨은 말로 다 할 수 없었다.

Chapter 9
# 나의 아버지, 재벌 하나님

"With God nothing is impossible(하나님이 함께하시면 능치 못 할 일이 없다)." 내가 마음속에 품고 사는 말씀이다. 하나님께서는 기도한 대로 모두 이루어 주셨다.

## 실버데일에 가서 땅을 사라
## —"제발 허풍 좀 떨지 마세요"

신학교에 복학하고 나의 상황과 앞길을 두고 기도할 때, 하나님은 이런 음성을 들려주셨다.

"염려하지 마라. 5년 안에 너에게 영어 학교와 선교 센터를 세워 주겠다."

처음에는 그게 하나님의 말씀인지 내 생각인지, 반신반의했다. 한 번은 어느 여집사님에게 하나님이 하신 약속에 대해 이야기했더니 바로 앞에서 무안을 주었다.

"아이고, 제발 허풍 좀 떨지 마세요. 우리 남편하고 똑같이 허풍을 떠시네요."

그 말을 들었을 때 너무 민망했다. 사실 조그만 집에 세들어 사는 내가 그런 거창한 꿈에 대해 이야기했으니 허풍으로 듣는 게 당연했다.

약속의 말씀을 받은 후 3년이 지났지만 아무 일도 일어나지 않았다. 그래도 나는 하나님의 약속에 대해 의심하지 않았다. 약속의 말씀을 붙잡고, 기대하고 기다리며 기도했다.

그러던 어느 날, 기도 중에 갑자기 실버데일에 가서 땅을 사라는 하나님의 말씀이 들려왔다. 그 지역은 양과 소밖에 없는 목장 지역이었다.

'당장 집세 내기도 어려운 형편인데 무슨 돈으로 땅을 사라는 말씀이지? 내가 양을 칠 것도 아닌데, 무엇 때문에 목장을 사라고 하시는 거지?'

도저히 납득할 수 없었지만 그 음성은 기도할 때마다 강하게 들려왔다.

'그곳에 학교를 세워 주시려는 건가?'

나는 반신반의하면서 실버데일에 갔고, 학교를 세울 수 있는 10에이커(약 1만 2,000평) 정도의 땅을 찾아봤다. 하지만 아무리 다녀 봐도 학교에 적합한 땅은 없었다. 잘못된 기도 응답일지도 모른다는 생각에 돌아오려는데, 그 지역의 땅 개발업자인 뉴질랜드 사람을 만나게 되었다.

"왜 이곳에 땅을 사려고 하십니까?"

"이곳에 크리스천 학교를 세우려고 합니다."

내 얘기를 들은 개발업자가 굉장히 반가워하면서 좋은 땅이 나오는 대로 연락을 주겠다고 했다. 그리고 나는 이 일을 잊어 버린 채 지냈다.

그런데 몇 달 후 기도 중에 하나님께서 강하고 다급하게 말씀하셨다.

"지금 당장 실버데일에 가서 땅을 사라."

그때 마침 실버데일의 땅 개발업자에게서 연락이 왔다.

"학교를 세울 만한 땅이 나왔습니다."

연락을 받자마자 나는 그곳으로 달려갔다.

나는 10에이커 정도의 땅을 찾았지만 눈앞에 펼쳐진 땅은 138에이커(약 17만 평)였다. 에덴동산처럼 무척 아름다운 땅이었

하나님이 예비하신 실버데일 땅에서

다. 넋을 잃고 그 땅을 바라보고 있을 때 성령께서 말씀하셨다.

"이 땅은 내가 너를 위해 준비한 땅이다. 당장 계약해라."

그 당시 그 땅은 뉴질랜드 달러로 200만 불(약 12억 원)에 나와 있었다.

주인이 두 개로 나누어서 팔려고 내놓은 것인데, 경사지지 않은 2만 평과 밑으로 약간 꺼진 15만 평이 각각 100만 불이었다.

하지만 집세도 겨우 내고 있는 형편에 이 땅을 살 수 있는 방법은 전혀 없었다. 그런데 놀랍게도 땅 주인이 파격적인 제안을 했다.

"당신이 이 땅을 사면 앞으로 2년 동안 갚을 수 있게 해주겠소."

땅값을 할부로 내라니, 그건 도저히 있을 수 없는 일이었다.

보통 뉴질랜드에서는 계약하기 전에 지질 검사와 수질 검사 등을 한 다음 땅을 구입하는 것이 일반적이다. 그래서 대체로 조건부 계약을 한다. 하지만 나는 단 1달러도 깎지 않고 바로 무조건 계약을 해버렸다. 그런데 놀랍게도 땅 주인은 계약을 하자마자 이 땅 명의를 내 이름으로 해주었다. 땅의 대금을 갚아야 하는 2년 동안 나에게 세금을 부담시키려는 약은 수법이었지만, 이것은 하나님께서 행하실 놀라운 기적의 첫 단추였다.

## 700만 불을 내시오
—"원래는 780만 불이었잖아"

 땅을 구입한 지 몇 개월이 흘렀는데도 땅값을 갚을 수 있는 방법이 없었다. 설상가상으로 뉴질랜드 달러가 강세가 돼서 12억 원이던 빚이 16억 원으로 늘어났다. 그런데 별로 걱정이 되지 않았다. 하나님께서 사라고 하신 땅이니 하나님께서 해결해주실 거라는 믿음이 있었다.

 나는 평안한데 주위 사람들이 더 걱정했다. 가까이 지내던 뉴질랜드 친구는 그 땅이 개발되려면 최소한 50년 이상은 있어야 한다며 어리석은 짓을 했다고 핀잔을 주었다. 사실 인간적인 눈으로 보면 그 친구의 말이 맞았다. 나는 미래가 보이지 않는 땅 138에이커를 돈도 계획도 없이 사버린 것이었다.

 그렇게 10개월이 지났다. 그런데 한 부동산 중개인에게서 전화가 걸려 왔다. 17만 평 중 꺼진 땅 15만 평을 팔지 않겠냐고 했다. 400만 불, 32억 원을 주겠다고 했다. 믿기지 않는 얘기라 누군가 장난 전화를 하는 줄 알았다. 그러나 같은 내용의 전화가 계속 왔다. 400만 불이라면 땅값 200만 불을 갚고도 200만 불, 16억 원이 생기는데다 좋은 땅 2만 평도 거저 생기는 것이었다. 가슴이 떨려 결정을 내릴 수 없었다. 내가 떨고 있는 동안에 땅값은 점점 더 올랐다. 430만 불, 450만 불, 나중에는 490만 불까지 주겠다고 제안했다.

주위의 친구들은 당장 팔라고 조언했다. 지금 팔지 않으면 10년 내에 이런 기회가 오지 않을 거라고 했다. 하지만 나는 "하나님께서 주신 땅이니 기도해 본 후에 결정하겠다"라고 대답했다.

그런데 하나님께서는 기도 중에 믿기 힘든 답을 주셨다.

"780만 불(약 63억 원)에 팔아라."

200만 불이었던 땅이 490만 불까지 오른 것도 기적인데 어떻게 780만 불에 판단 말인가.

'이 가격을 불렀다가 땅을 사지 않는다고 하면 어쩌지?'

생각이 거기에 미치자 조바심이 생기고 마음이 복잡해졌다.

하나님께서 명확하게 응답해 주셨는데도 나는 한동안 금액에 대해 말하지 못했다. 하지만 더 지체할 수 없었다.

하나님은 내 마음을 강하게 움직이셨고 나는 용기를 내서 요구 금액을 말할 수밖에 없었다. 하지만 적은 믿음 때문에 차마 780만 불이라고 말하지 못하고 "700만 불을 낼 게 아니면 다시는 전화하지 말라"라고 말한 후 전화를 끊었다. 그날 두려움 때문에 밤새 잠을 못 이뤘다.

그러나 하나님은 살아서 역사하셨다. 그 땅은 결국 10개월 만에 700만 불에 팔렸다. 그 후에 세금 문제로 교회 집사인 회계사를 만나 이야기를 나누다가, 나는 믿음이 없어서 하나님께서 말씀하신 780만 불을 이야기하지 못했다고 고백했다. 그때 회계사가 계산기를 두드리더니 흥분한 목소리로 이야기했다.

"목사님! 정확히 780만 불에 땅을 파셨습니다. 땅을 파실 때에

GST PLUS(땅 주인이 세금을 내도록 함)로 계약을 하셔서 매매가격은 정확히 780만 불입니다!"

그랬다. 나의 믿음이 연약해서 하나님의 뜻대로 행하지 못하고 700만 불을 불렀는데, 하나님께서는 그것까지 알고 계셨고 하나님의 방법으로 그 뜻을 이루신 것이다. 그 땅은 세금 80만 불을 포함하여 정확히 780만 불(약 63억 원)에 매각되었다. 돈 한 푼 없이 계약한 지 10개월 만에 일어난 일이다.

하나님의 섭리는 참으로 놀라웠다. 원래 땅 주인은 세금을 피하려고 서둘러 명의변경을 했다. 그런데 그게 아니었으면 우리는 돈을 갚기 전에 땅을 팔 수 없었을 것이다. 인간의 약은 생각조차도 선으로 바꾸어 사용하시는 하나님의 능력에 영광을 돌린다.

## 하나님을 믿는 자에게는 불가능은 없다
### -"100억 짜리 건물을 50억에"

땅값을 갚고 나니 500만 불, 약 40억 원이 남았다. 나는 하나님께서 약속하신 학교와 선교 센터를 세울 만한 건물을 찾아다녔다. 하지만 오클랜드 시내에서 우리가 가진 돈으로 살 수 있는 빌딩은 없었다.

하나님께서는 우리를 오클랜드 남쪽에 위치한 마누카우 시 중심에 있는 11층짜리 건물로 인도하셨다. 유리로 지어진 아름다운 빌딩은 주인이 10년 전에 약 100억 원 정도를 지불하고 구입한 것이었다. 그런데 3개 층을 제외한 건물 내부가 모두 비어 있었다. 주인이 1년에 몇 억씩 들어가는 관리비와 세금을 감당할 수가 없어서 급하게 내놓은 상태였다.

그러나 내가 가진 돈은 500만 불뿐이었고, 주인은 10년 전에 구입했던 금액을 받으려 했다. 나는 다시 엎드려 기도했다. 기도 중에 하나님께서 700만 불로 제안해 보라고 말씀하셨다. 응답받은 대로 중개업자에게 전했더니, 그가 펄쩍 뛰며 거절했다.

괜히 주인 마음을 상하게 하면 그 물건을 다른 부동산에 빼앗길 수도 있기 때문이었다.

기적을 통해 허락하신 선교 센터

나는 한인 교회의 집사님이었던 중개업자에게 간절하게 부탁했다. 제안을 전해 주기만 하면, 놀라운 일이 벌어질 거라고 설득했다. 결국 그분은 빌딩 주인에게 700만 불을 제안했다.

그 이후로 나는 기도하며 대답을 기다렸지만 약속한 마지막 날 밤 12시가 되도록 연락이 오지 않았다. 다음 날 나는 한국으로 가야 했기 때문에 다 끝났다고 생각하고 마음을 접었다. 그런데 새벽 2시에 최종 서명된 계약서가 팩스로 들어왔다. 또 한번의 기적이 일어난 것이다.

그 빌딩의 주인은 노련한 빌딩 투자가로 절대로 손해를 보고 파는 사람이 아니라고 정평이 나 있었다. 그래서 그가 700만 불이라는 터무니없는 가격으로 빌딩을 판 것이 부동산 업계에서는 오랫동안 회자되었다고 한다.

건물을 구하러 다닐 때 하나님 앞에 간절히 소원한 것이 하나 있었다. 바로 건물 옆에 학생들이 쉴 수 있는 공원이 있었으면 하는 것이었다. 그런데 놀랍게도 하나님께서는 옆에 아름다운 공원이 있는 빌딩을 준비해 두셨다. 하나님은 나의 작은 소망까지도 모두 응답해 주셨다. 나는 이 공원을 볼 때마다 "이 공원은 우리 학교 캠퍼스야!"라고 외친다.

"With God nothing is impossible(하나님이 함께하시면 능치 못할 일이 없다)." 내가 마음속에 품고 사는 말씀이다. 하나님께서는 하나님의 약속과 나의 작은 소원까지 모두 신실하게 이루셨다.

## 약속하신 영어 학교를 주시다
### —"내가 그 에이전트였어요"

하나님이 주신 11층짜리 아름다운 유리 빌딩을 인수했는데 그 중 한 층에 잘 꾸며진 영어 학교가 입주해 있었다.

사실 이 영어 학교는 내가 직원으로 있던 뉴질랜드 영어 학교가 크게 성장해서 분교로 설립된 곳이었다. 투자자는 중국인이었고, 내가 빌딩을 인수하기 2년 전에 많은 돈을 들여 설립했다. 오픈 기념행사에 본교 직원들도 초대 받았고 나도 뉴질랜드 직원들과 함께 참석했었다. 소유주인 중국인과 뉴질랜드 직원들은 축제 분위기를 즐겼다. 하지만 에이전트에 불과했던 나는 그 즐거운 분위기에 합류할 수 없었다. 행사를 마치고 집으로 돌아오는 내내 참담한 마음에 속으로 울고 또 울었다.

'하나님을 믿지 않는 저 중국인도 자기 학교를 세우고 기뻐하는데, 하나님의 자녀인 나는 언제 학교를 세우고 마음껏 선교할 수 있을까.'

영주권도, 가진 돈도 없어서 학교를 세울 수 있는 희망이 전혀 보이지 않던 때였다.

그러나 하나님께서는 나의 아픔과 눈물을 외면하지 않으셨다. 내가 그렇게도 부러워했던 영어 학교, 그 학교가 있는 건물을 나에게 주셨다. 선교에 대한 하나님의 뜻과 은혜가 아니고서는 설명할 방법이 없다.

내가 건물을 인수했을 때, 그 영어 학교는 학생 수가 급격히 감소해서 운영에 큰 어려움을 겪고 있었다. 그때 중국인 오너가 나에게 오더니 이 학교를 인수하지 않겠냐는 뜻밖의 제안을 했다. 학교 건물, 시설은 물론 그 학교를 다니던 학생들까지 우리에게 주겠다는 것이었다. 사실 뉴질랜드에서 영어 학교를 세우는 것은 굉장히 어려운 일이다. 수십만 불의 돈이 들고 승인을 받는 데도 시간이 오래 걸린다.

그런데 하나님께서는 5년 전 기도 중에 "너에게 영어 학교와 선교 센터를 주겠다"라고 약속하신 말씀을 그대로 이루어 주셨다. 아름다운 학교를 그냥 받기가 미안해서 2만 5,000불(약 2,000만 원)을 주고 인수했다. 그건 하나님께서 나에게 선물로 주신 것이었다.

학교를 인수한 뒤, 한 중국인 직원이 나에게 사진을 한 장 주었다. 2년 전, 오픈식 행사에 참석했을 때 찍은 것이었다. 그 사진 안에는 구석에 초라하게 앉아 있는 나의 모습이 찍혀 있었다. 아무도 반기지 않는 그들만의 축제 속에서 나는 몸 둘 바를 몰랐고, 많은 사람들이 기념사진을 찍으려고 학교 마크가 걸린 연회장 앞에 모였을 때, 나는 구석에서 침울한 모습으로 사진 촬영을 지켜볼 수밖에 없었다.

그러나 하나님께서는 2년 뒤 나를 이 학교뿐 아니라 빌딩의 소유자로 세워 주셨다. 그 사진을 보자 다시 한 번 감사의 마음이 차올랐다. 하나님은 약속을 지키시는 분이시며 당신을 절대적으로 신뢰하는 자를 높이시는 분이다.

## 선교한다고 고발당한 학교
## —"이렇게 좋은 학교 처음 봐"

하나님께서 주신 영어 학교를 인수한 후 가장 먼저 한 일은 학생들에게 복음을 전하는 것이었다. 특히 중국이나 태국, 베트남, 일본, 사우디아라비아 등 세계 각지에서 온 하나님에 대해 모르는 학생들에게 복음을 전하는 일이 무엇보다 중요했다.

뉴질랜드 교육법에 의하면 학교에서는 특정 종교를 강요할 수 없다. 만약 이를 어기면 학교가 폐쇄될 수도 있다. 하지만 어떤 어려움이 오더라도 복음은 전해야만 했다.

나는 학생들에게 성경을 나누어 주고, 목회자 자녀 장학생들을 훈련시켜 일대일 전도를 시작했다. 영어·중국어 성경 공부시간과 기도회를 만들었고, 주중에는 장학생 기숙사에서 월요일 성경 공부, 수요일 산 기도, 금요일 찬양 예배를 드렸다. 학교에 설립한 교회에서 주일예배를 드리며 예배 중심의 삶으로 이끌어 나갔다.

수요일마다 드리는 산 기도회에 많은 외국 학생들이 참석했다. 뉴질랜드의 겨울은 우기라 비바람과 폭풍우 때문에 산에 앉아 있는 것조차 힘들다. 하지만 폭우와 폭풍이 와도 학생들은 수요일이면 어김없이 산에 올라가 기도했다. 비옷을 뒤집어쓰고 알톤 장학관 근처 뒷동산에 올라 땅바닥에 엎드려 눈물을 흘리며 기도했다. 두 시간 남짓 찬양과 기도로 이어지는 이 기도회는 4년 동안 한 주도 빠짐없이 이어졌다.

그런 환경에서 4년간 단 한 번도 거르지 않고 기도했다는 것도 놀랍지만, 복음을 처음 들은 중국, 태국, 일본 아이들이 그 자리에 참석했다는 것이 더 놀랍고 감사했다. 폭풍우 속에서 기도하는 그들의 모습을 보면 감동이 밀려왔다. 도대체 비 맞고, 엄동설한에 오들오들 떨면서 기도하는 것이 뭐가 좋다고 그 자리에 참석했을까? 성령께서 하셨다고밖에는 설명할 방법이 없다.

우리가 기도하는 모습을 본 지역 주민들도 대단하다며, 하나님은 정말 살아 계신 것 같다고 감탄했다. 그렇게 오랫동안 산 기도가 지속되니, '토타라 파크(Totara Park)'라는 이름의 공원이 우리 마을에서는 '프레이 힐(Pray Hill)'이라는 이름으로 통할 정도가 되었다. 지금 돌아보면 그 4년간의 기도와 눈물이 우리 사역을 지탱해 온 것 같다. 참으로 큰 힘이 되고 도전이 되는 시간들이었다. 이렇게 학교와 교회, 또 믿지 않는 외국인 학생들의 영혼을 위해 애타게 기도한 믿음의 청년들이 많았기에 뉴질랜드 땅에 선교의 열매가 풍성하게 열리고 있다.

이 복음의 현장에 위기가 찾아오기도 했다. 기존의 교사들이 학교 안에서 하는 선교 활동에 불만을 갖기 시작한 것이다. 선교 사역의 열매가 풍성해질수록 그들의 불만은 더 커져만 갔다. 그들은 계속 복음을 전하면 고소하겠다고 협박까지 했다. 하지만 나는 선교에 더욱 집중했다. 결국 그들은 뉴질랜드 교육청에 투서를 보냈다. 그 투서로 우리 학교는 특별 감사를 두 번이나 받았다. 모든 문서를 공개하고 학생들 한 사람 한 사람이 감사원과 인터뷰를 해야 하는 까다로운 감사였다. 그런데 감사관이 어느 누구도 예상하지 못한 말을 남기고 떠났다.

"그동안 봐온 학교 중에 이렇게 좋은 학교, 학생들을 이렇게 사랑해 주는 학교는 없었습니다. 매년 받아야 하는 감사를 2년에 한 번만 받게 해주겠습니다."

그런 과정을 거치고 나니 하나님께서는 선교 사역에 방해가 되는 교사들은 자연스럽게 학교를 나가게 하셨다. 그리고 최고 수준의 선교사 출신 교사들로만 우리 학교를 채워 주셨다. 지금은 2년마다 받는 감사마저도 4년에 한 번씩 받을 정도로 뉴질랜드 교육청도 인정한 최고 수준의 학교가 되었다. 교사뿐 아니라 스태프 모두가 학생들 한 사람 한 사람을 천하보다 귀하게 여기며 사랑으로 가르치고 보살핀 결과다.

## 뉴질랜드 선교 센터 설립
─"이 빌딩은 오직 하나님의 영광만을 위하여!"

하나님께서 이 아름다운 빌딩을 주셨을 때, 나는 이곳의 주인이 하나님이심을 만방에 알리고 싶어 견딜 수 없었다. 그래서 빌딩 매니저에게 "이 빌딩은 하나님의 영광을 위하여 바쳤습니다(This building was dedicated to the glory of God)"라는 문구를 제작해서 빌딩 현관 입구에 붙이라고 지시했다. 그랬더니 크리스천인 뉴질랜드 빌딩 매니저가 반대했다.

"여기는 한국과 달라요."

이 현관은 세입자들의 것이기 때문에 그들의 동의 없이는 이런 문구를 붙일 수 없고 소송을 당할 수도 있다고 했다. 그러나 나는 강하게 밀어붙였다.

"책임은 내가 질 테니 바로 붙이세요."

그러자 매니저는 못 들은 걸로 할 테니 붙이려면 당신이 직접 붙이라며 화를 냈다. 나는 사람들의 눈치를 보지 않고 하나님의 영광을 바라보며 그 문구를 건물 입구에 붙였다. 그런데 6년이 지난 지금까지도 그 문구 때문에 문제가 생긴 적은 없다. 오히려 하나님께서 그 일을 기뻐하시고 우리를 더욱 견고하게 하심을 느낀다.

앞에서 이야기한 것처럼 하나님께서 이 빌딩 안에 11개 선교기관들이 함께 사역하는 뉴질랜드 최대 선교 센터를 세워 주심으로 이 빌딩이 하나님의 영광을 위하여 쓰이도록 하셨다. 이렇게 하나님은 기도 중에 주셨던 약속, "5년 안에 학교와 선교 센터를 세워 주겠다"라는 말씀을 하나도 빠짐없이 신실하게 이루셨다.

 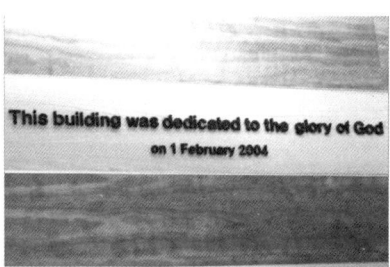

선교 센터 로비와 "이 빌딩은 하나님의 영광을 위하여 바쳤습니다"라고 적힌 문구

11층의 아름다운 유리 빌딩, 그러나 처음부터 순조롭게 이 빌딩을 운영할 수 있었던 건 아니다. 인수할 때부터 비어 있던 8개 층의 관리비가 계속 나갔고, 인수한 영어 학교는 매달 몇 만불씩 적자가 났다. 빌딩을 구입할 때 융자 받은 200만 불의 이자도 계속 불어나고 있었다. 이대로 가면 빌딩이 은행에 넘어갈 것 같았다. 그래서 빌딩 매니저는 걱정이 태산이었다.

하지만 3년 동안 비어 있던 건물을 무슨 재주로 채우겠는가? 기다리다 못한 매니저가 신문에 광고를 내자고 재촉했다. 그런데 제대로 된 광고를 하려면 최소한 2만 5,000불이 들었다. 돈도 문제지만 나는 인간적인 방법으로 문제를 해결하고 싶지 않았다.

"하나님께서 빌딩을 주셨는데 채워 주시지 않겠어요? 단돈 1불도 쓰지 말고 하나님의 때를 기다려 봅시다."

한 달 후, 3년간 비어 있던 8개 층이 동시에 다 채워졌다. 그것도 세상 사람들이 소위 '블루칩'이라고 부르는 이민성과 시청 등 뉴질랜드의 정부 기관들로 말이다. 덕분에 빌딩은 사람들로 가득 차고 빌딩의 가치는 두 배로 올라갔다. 하나님은 하나님의 방법과 때를 기다리는 나를 보시고 또 한 번의 기적을 보여 주셨다.

## 두 번째 주신 빌딩, 그리고 청지기
—"빌딩 하나로 되겠니?"

하나님께서 허락하신 빌딩은 너무나 아름답다. 여러 가지 일들로 지쳐 있을 때 나는 하나님께서 주신 사무실에 앉아서 창밖을 내다본다. 그러면 마음이 평안해지고 의욕이 차오른다. 여느 때와 같이 사무실에 앉아 바깥 풍경을 바라보며 베푸신 은혜에 감격하고 있는데, 하나님께서 조용히 말씀하셨다.

"빌딩 하나로 되겠니? 하나 더 줄게. 마음껏 선교해라."

1년 후 하나님께서는 바로 옆에 있는 피라미드형의 10층짜리 빌딩을 또 주셨다. 마누카우 시에 있는 건물 중 가장 큰 빌딩 두 개를 허락하신 것이다. 새롭게 주신 이 건물에는 뉴질랜드 국세청(IRD)이 입주해 있다.

하나님의 은혜가 너무 감사해서 나는 건물에 입주하기 한 달 전부터 "이 빌딩은 하나님의 영광을 위하여 바쳤습니다(This building was dedicated to the glory of God)"라는 문구를 만들어 놓고 현관에 붙일 날만 기다렸다. 그런데 입주하는 날 아침에 빌딩 매니저가 또 만류했다. 다른 입주자도 아니고 정부 기관이 있기 때문에 이런 문구를 붙일 수 없다는 것이다. 하지만 나는 이 일 때문에 국세청으로부터 어떤 불이익을 당하거나 그들이 나간다 해도 하나님께 영광을 돌리고 싶었다. 그들이 아니더라도 더 좋은 세입자로 채워 주실 거라는 믿음이 있었다.

그 당시 국세청은 다른 곳에 땅을 구입해 자체 사옥을 지을 계획이었다. 그래서 3년 후에 공사를 다 마치면 건물에서 나가겠다고 했다. 그것 때문에 사람들은 3년 뒤에 저 건물 다 비어서 망하는 것 아니냐고 했다. 하지만 나는 그들이 염려할 때마다 당당하게 말했다.

"하나님이 허락하시지 않는데 누구 마음대로 나가?"

나에게는 빌딩을 주신 하나님께서 다 책임지실 거라는 믿음이 있었다. 나의 믿음대로 국세청은 계약을 5년 더 연장했다. 최근에는 21년 장기 임대계약을 놓고 협상하고 있다.

내가 빌딩을 살 때만 해도 마누카우 시는 죽은 도시나 마찬가지였다. 하지만 내가 빌딩을 구입하고 선교를 시작한 후로 도시가 빠른 속도로 성장하기 시작했다. 학교 건물 옆에 강남의 코엑스 같은 쇼핑몰이 생겼다. 나는 이 쇼핑몰을 우리 학교 매점이라고 부른다. 학교 앞에 아파트가 들어서면서 이 지역은 번화한 곳이 되었다. 빌딩 가격도 우리가 구입한 금액의 두 배가 넘었다. 하

두 번째 선교 센터 로비와 문구

나님께서 믿음의 조상 아브라함을 복의 근원으로 들어 쓰신 것같이 우리를 통해 이 땅을 복되게 하심을 느낀다.

우리 학교가 진행하는 특별한 행사가 있는데, 바로 '아웃리치(outreach)'다. 하나님께서 두 번째 건물을 허락해 주셨을 때, 감사한 마음으로 이 일을 시작했다. 우리나라의 노방전도와 같은 개념인데, 일 년에 네 번, 학교 바로 옆에 있는 시청 앞 광장에서 진행한다. 학생뿐 아니라 교사들도 함께 참여하고, 몇 주 전부터 찬양, 태권무, 워십 댄스, 악기 연주, 스킷 드라마 등을 준비해서 복음을 전한다.

이때 소시지를 굽고 핫도그도 만들어 지역 주민들에게 무료로 나누어 주는데, 하루 점심에만 1,300개 정도가 필요하다. 아웃리치 전날에는 이 핫도그를 만들기 위해 모든 장학생들이 모여 두 포대나 되는 양파를 썬다. 그래서 아웃리치가 있기 전날에는 진한 양파의 향기와 함께 복음을 전할 수 있다는 기쁨의 눈물이 여기저기서 흐르는 진풍경이 펼쳐진다.

이러한 노력으로 지역 주민들이 학교와 교회를 알게 되고, 또 복음을 받아들이는 놀라운 역사가 일어나고 있다. 뿐만 아니라 학교 학생들 중에서도 친구와 함께 춤추고 노래하는 것이 좋아서, 혹은 처음 배워 보는 태권도가 재미있어서 이 아웃리치를 같이 준비하다가 복음을 접하고 자연스럽게 하나님을 믿게 되는 일도 많다. 이 아웃리치는 시작한 지 벌써 5년이나 되었기 때문에 지역 주민들에게도 많이 알려졌고 어느새 지역의 큰 축제로도 자리 잡았다. 광장을 빌려 주는 시청도 신뢰와 호의를 가지고 이 행사를 적극 지원해 주고 있다.

하지만 처음에는 어려움이 많았다. 두 번째 건물 뒤쪽에 악기 몇 개를 설치해 놓고 이웃 주민들에게 복음을 전하면서 시작했는데, 그 건물 안에 입주한 국세청 직원들이 시끄럽다고 항의해 온 것이다. 항의는 점점 거세지는데 나는 무슨 배짱이었는지, 그 다음 아웃리치는 건물 앞에서 당당하게 진행했다. 국세청 측이 펄쩍 뛴 것은 당연한 일이었다. 우리는 아웃리치를 어디서 해야 할지 고민에 빠졌다.

그런데 그때, 시청에서 건물 바로 앞에 광장을 만드는 것이 아닌가? 나는 그 광장을 보자마자 '저것은 우리 아웃리치를 위한 광장이다!'라고 생각하며 하나님께 진심으로 감사드렸다. 그리고 광장이 완공되자마자 우리가 가장 먼저 사용했다.

처음에는 시청에서도 광장을 빌려 주면서 전기 쓰는 것, 우리가 나누어 주는 소시지, 하다못해 위생 문제까지 까다롭게 검사하고 참견했다. 하지만 이제는 흔쾌히 광장 사용을 허락하고, 우리 학

아웃리치 행사 때 소시지를 나눠주는 모습과 태권무 공연 모습

생들이 공연하는 것에 감탄하면서 시청 행사에 초대하고 싶어 한다. 하나님께서는 이렇게 복음을 향한 우리의 헌신을 기뻐하시고, 다양한 방법을 통해 우리를 격려하신다.

하나님은 우리 건물과 학교, 학생들을 통해 일하기 원하셨다. 그래서 나는 하나님이 허락하신 것은 늘 하나님의 영광을 위해 사용해야 한다고 생각했다. 내 것이 아닌 하나님의 것이기 때문이다. 그런 까닭에 언제나 청지기의 자세로 이 모든 것을 운영하고 있다.

이제 이곳은 한국으로 돌아간 학생들도 잊지 못하고 그리워하는 아름다운 공동체가 되었다. 훈련받고 섬기다 돌아간 학생들이 자체적으로 '프레이 힐(Pray Hill)'이라는 모임을 만들었다. 이들은 한국에서 한 달에 한 번씩 기도회 모임을 가지는데, 대부분이 목회자 자녀들이기에 각자 부모님의 교회 예배당을 모임 장소로 제공한다. 한국에서 이곳 학교와 선교 사역, 그리고 외국 학생들의 영혼을 위해 눈물로 기도하며 태평양 건너 뉴질랜드 사역을 중보하고 있다.

여름과 겨울이 되면 형편이 어려워서 성경 학교를 열지 못하는 작은 교회의 어린이들을 모아 연합성경학교도 주최한다. 목회자 자녀들이라 미자립 교회의 사역이 얼마나 어렵고 귀한지를 누구보다 잘 알기 때문이다. 하나님께서는 뉴질랜드에서 받은 사랑과 섬김을 나눌 줄 아는 마음을 이들에게 허락하셨다. 그들은 조그만 정성을 모아 선교에 필요한 것들을 사서 보내기도 한다. 하나님께서 그들에게 베푸신 사랑과 섬김의 실천이 한국에서도 이어지니 얼마나 감사하고 감격스러운지 모른다.

## CBS 〈새롭게 하소서〉의 기적
### —"하나님의 살아 계심을 증거"

나는 하나님께서 이루신 이 놀라운 역사를 세계만방에 알리고 싶었다. 그래서 조그만 교회에서라도 불러 주면 감사하며 달려갔다.

하나님께서는 간증을 통해 하나님께 영광을 돌리는 내 마음을 아름답게 보시고 더 큰 교회, 더 많은 나라로 이끄셨다. 여의도순복음교회, 수영로교회, 호산나교회, 안산동산교회 등 한국의 많은

호주 기독 잡지에 소개된 선교 센터

대형 교회에서 집회를 하게 하시고 호주나 미국, 아시아, 유럽 등 많은 외국의 교회에서도 집회를 할 수 있게 역사하셨다. 호주의 가장 권위 있는 기독교 매거진 〈ALIVE〉를 통해서 간증의 내용을 호주 전역에 소개하기도 했다. 또 뉴질랜드 침례 교단과 여러 크리스천 신문, 방송에서 특집으로 다루었고, 미국 시애틀에서는 기독교 텔레비전과 라디오 방송을 통해 소개했다.

집회를 다니고, 방송 매체를 통해 하나님께서 하신 일들을 증거할 때마다 사람들이 놀라움을 금치 못하고 하나님이 살아 계심을 깨닫는 역사가 일어났다.

그 모습을 보면서 내 안에는 새로운 소망이 생겼다. 이 간증을 더 널리 전할 수 있는 효과적인 방법이 없을까. 이 간증을 통해 많은 이들이 복음을 접하고, 나아가 선교의 열매를 맺을 수만 있다면 그보다 더 기쁜 일이 없을 것 같았기 때문이다. 여기저기 알아보았으나 제작비나 방법 모두 마땅치 않았다. 그러나 하나님께서는 이 선한 소망을 그대로 두지 않으셨다.

2009년 5월 5일 어머니가 갑자기 소천하셔서 한국에 가게 되었다. 한국을 떠난 지도 13년이나 지났고 세상 친구들과 인연을 끊은 지도 오래되어서 누가 장례식을 도와줄지 걱정이었다. 그러나 하나님께서는 많은 사람들을 통해 위로해 주셨다. 우리 학교를 다녀간 장학생, 많은 목사님들, 함께 일하고 있는 CBS에서도 오셔서 큰 힘이 되었다.

장례식을 다 치른 후에 감사의 마음을 전하려고 CBS 이정식 사장님을 찾아갔다. 함께 차를 마시며 근황을 이야기하던 중에, 나는 그동안 하나님께서 하신 일들에 대해 전하게 되었다. 그 이야기를 듣던 이 사장님이 갑자기 놀라운 제안을 했다.

"목사님, 뉴질랜드 가시기 전에 〈새롭게 하소서〉에 출연하고 가세요."

이 얼마나 놀라운 일인가? 〈새롭게 하소서〉는 CBS에서 30년 가까이 장수한 간판 프로그램인데다 내가 그렇게 간절히 소원했던 간증 영상을 촬영하라니 가슴이 뛰었다.

"목사님, 뉴질랜드에 언제 가시죠?"

"사흘 뒤에 갑니다."

"아이구, 그럼 빨리 서둘러야겠네."

CBS 〈새롭게 하소서〉 출연

사장님은 바로 방송 본부장에게 연락했다. 하지만 방송 본부장의 첫마디는 "안 됩니다, 사장님"이었다. 이미 다른 출연자들의 스케줄이 잡힌 상태고, 〈새롭게 하소서〉 한 편을 찍으려면 최소 2개월이 걸린다는 것이었다. 출연자와 관련된 자료도 구해야 되고, 현장 촬영도 해야 하고, 작가들이 스토리도 써야 하기 때문에 사흘 만에 촬영하는 것은 불가능하다는 얘기였다.

방송하는 이들의 입장에서는 당연한 대답이었다. 그런데도 이 사장님은 나의 간증 촬영을 꼭 진행시키라고 당부했다. 결국 방송 본부장은 비상 회의를 소집했고, 내가 출연할 수 있도록 모든 것을 조정했다. 하나님은 바쁜 일정 속에서 또 한 번 역사하셨다. 하나님 안에서는 불가능이 없다는 걸 다시 한 번 실감했다.

뉴질랜드에 연락해서 학교와 교회 사역에 관련된 자료들을 방송국에 전달했고, 신속하게 진행할 수 있도록 최선을 다해 도왔다. 출국하기 전날, 우리 학교와 교회를 거쳐 간 청년들이 만든 '프레이힐(Pray Hill)'의 정기 모임이 있어서 그 행사도 촬영할 수 있었다.

작가는 내 이야기를 은혜롭게 잘 구성해 주었고, 방송 출연에 익숙하지 않은 나도 50분 분량의 간증을 실수 없이 잘 마무리했다. 이 모든 것이 성령님의 인도하심이었다. 그렇게 2개월이 걸리는 〈새롭게 하소서〉 촬영은 3일 만에 모두 끝났다.

CBS 〈새롭게 하소서〉를 통해 간증이 방영된 후, 시청률도 높았지만 재방송을 요구하는 시청자들의 건의가 많았다고 한다. 결국 특집 방송이 방영되었다. 그때는 뉴질랜드에서 사역하는 모습을 직접 카메라에 담아 더욱 생생한 선교의 현장을 전달할 수 있었다.

그 후로 나는 〈새롭게 하소서〉 영상을 통해 많은 사람들에게 하나님의 살아 계심을 더욱 효과적으로 증거하게 되었다. 이 DVD는 영어와 중국어, 일본어, 이란어, 스페인어로 번역되어 귀하게 사용하고 있다. 이 간증 DVD를 본 세계 여러 나라의 크리스천들이 각자의 삶의 위치에서 도전을 받았다. 여러 나라의 목회자들이 하나님의 역사를 눈으로 보기 위해 직접 찾아오기도 했다.

이런 축복의 현장을 옆에서 지켜봤고, 지켜보고 있는 많은 이들이 이렇게 묻는다.

"어떻게 구약 시대에 일어날 법한 일들이 지금 일어날 수 있나요?"

그때마다 나는 자신 있게 이야기한다.

"구약의 하나님이 지금도 동일하게 살아 역사하시기 때문이죠."

# Part V.
## 하나님 안에서 바르게 사는 법

Chapter 10

# 주일 성수의 축복

*나는 주일 성수를 생명처럼 지킨다. 삶을 통해 하나님께서 예배를 얼마나 기뻐하시는지 체험했고 주일을 온전히 지킨 자들에게 내려 주시는 축복이 얼마나 큰지도 체험했다.*

**주일 성수의 축복**
**—"생명보다 귀한 하나님과의 약속"**

세상 사람들도 사랑하는 사람과의 약속, 존경하는 사람과의 약속을 중요하게 여긴다. 만약에 대통령과의 만남이 있다면 누가 이것을 소홀히 여기고 시간을 어기겠는가? 하나님은 이 세상 누구와도 비교할 수 없는, 생명보다 귀한 분이시다. 그래서 나는 삶 속에서 그분과의 약속, 그분과의 만남을 가장 귀하게 여긴다.

많은 사람이 주일 성수에 대해서 이런저런 의견을 내놓지만 나에게 주일 성수는 논쟁의 대상이 아니라 생명을 다해 지켜야 할 하나님과의 약속이다. 다니엘은 사자굴을 눈앞에 두고도 늘 하던 대로 예루살렘을 향해 하루에 세 번씩 기도했다. 하나님이 시켜서 예루살렘을 향해 기도한 것이 아니다. 다니엘이 그렇게 하겠다고 하나님 앞에 약속한 일이었다. 오늘 우리가 주일을 하나님의 날로 정하고 예배드리기로 했다면, 어떤 일이 있더라도 주일에는 하나님께 예배드리는 것을 우선순위에 놓아야 한다.

일확천금을 했든, 생명의 위협을 받든 크리스천은 주일을 거룩하게 지켜야 한다. 나는 삶을 통해 하나님께서 주일 성수를 얼마나 기뻐하시는지 체험했고 주일 성수한 자들에게 내려 주시는 축복이 얼마나 큰지도 체험했다.

> "하나님이 이르시되 그가 나를 사랑한즉 내가 그를 건지리라 그가 내 이름을 안즉 내가 그를 높이리라 그가 내게 간구하리니 내가 그에게 응답하리라 그들이 환난 당할 때에 내가 그와 함께 하여 그를 건지고 영화롭게 하리라 내가 그를 장수하게 함으로 그를 만족하게 하며 나의 구원을 그에게 보이리라 하시도다"(시 91:14-16).

시편 91편 14-16절 말씀은 내가 늘 묵상하며 힘을 얻는 말씀이다. 하나님을 사랑하고 그분을 높이는 자는 환난 중에서도 영화롭게 된다. 하나님이 나를 뉴질랜드 땅에서 높여 주시고 귀하게 사용하시는 이유는 하나님을 사랑하고 주일을 목숨처럼 지키는 마음을 보셨기 때문이라고 생각한다. 주일 성수는 기독교의 제도가 아니라 하나님의 크신 사랑에 대한 우리의 응답이다.

주일 성수가 없는 교회는 커뮤니티 모임에 불과하다. 크리스마스와 신년이 되면 뉴질랜드의 많은 교회들이 문을 닫고 휴가를 떠난다. 예전에는 기독교가 국교라 전 국민이 하나님을 믿었는데, 이제 주일예배 때 교회에 나오는 사람은 전체 인구의 5퍼센트도 되지 않는다. 하나님을 섬기는 것보다 자신의 사생활을 더 중요하게 여기는 이곳 사람들을 보면 안타까운 마음이 든다. 주일 성수가 무너지면 교회는 무너지게 되어 있다.

함께 학교 일을 할 때, 뉴질랜드 사람들이 주일을 철저하게 지키려는 나를 바리새인이라고 비난하기도 했다. 우리 학생들을 데리고 있던 홈스테이 가정들도 주일만 되면 산으로 바다로 나들이를 갔다. 특별히 크리스천 가정으로 선별했는데도 교회로 사람을 인도하기는 커녕 우리 학생들까지 주일을 지키지 못하게 했다. 나는 그들과 함께 일해야만 하는 절박한 상황이었지만 그 부분에 대해서는 타협하지 않았다. 주일에 학생들을 교회로 보내지 않으면 더 이상 함께 일하지 않겠다고 큰소리쳤다.

주일 성수와 관련된 잊지 못할 사건이 하나 있다. IMF가 터지고 한국에서 CBS 방송국과 함께 첫 번째 단기 연수생을 모집했을 때의 일이다. 뉴밀레니엄이 시작되는 2000년도였는데 실수로 티켓 날짜를 잘못 예약했다. 다행히 세 그룹은 일정에 문제가 없었지만 한 그룹은 주일 이른 아침에 한국에 도착하게 되었다.

'그게 무슨 문제라는 건가'라고 생각하는 사람도 있을 것이다. 하지만 주일 성수를 해야 하는 나에게는 그것이 가장 큰 문제였다. 학생들과 학부모들이 공항에 도착하자마자 피곤한 몸을 이끌고 교회에 갈 리 만무했다. 주님께 영광 돌리기 위해 이 일을 한다고 하면서 다른 사람들이 주일을 못 지키게 하다니. 나는 여행사 사장에게 비용이 얼마가 들더라도 월요일에 출발하는 티켓을 구해달라고 간곡히 부탁했다. 하지만 결과는 절망적이었다.

뉴질랜드는 세계에서 해가 제일 먼저 뜨는 곳이다. 뉴밀레니엄을 맞아 사람들이 뉴질랜드로 몰려들고 있었다. 그래서 비행기 표를 한 장도 구할 수 없는 상황이었다.

서른 명의 학생, 그 부모와 가족이 출발하는 날만 기다리고 있는데 어떻게 이야기를 해야 할지 막막했다. 그리고 이제 막 CBS와 함께 일을 시작했는데 문제를 일으키면 더 이상 일을 못할 수도 있는 상황이었다. 그러나 주일 성수를 못하면 이 프로그램도 아무 의미가 없었다. 나는 단호한 마음으로 여행사 사장에게 전화했다.

"서른 명 티켓, 취소해 주세요. 모든 손실은 제가 책임지겠습니다."
티켓을 취소하고 앞으로 해결해야 할 문제들을 놓고 밤새 하나님께 기도하며 지혜를 구했다. 그런데 다음 날 여행사 사장에게 전화가 걸려 왔다. 수화기 너머에서 들려오는 소식은 그야말로 깜짝 놀랄 만한 것이었다.

"선교사님! 월요일에 출발하는 비행기표 서른 장을 구했습니다."
"네? 아니, 한 장도 구할 수 없다더니 어떻게 서른 장을 구했습니까?"

"저도 모르겠습니다. 어디서 특별기가 떴는지, 기적이 일어났습니다."

나는 또 한 번 하나님의 역사를 체험할 수 있었다.

하나님께서는 주일 성수를 위해 어떤 불이익도 감수하고 타협하지 않는 이 작은 믿음을 보고 이렇게 축복하고 높여 주셨다.

Chapter 11
# 하나님이 주신 경영 철학

비록 냉수 한 그릇 같은 작은 섬김이라도 하나님께서는 기뻐하시고 큰 보상을 해주신다. 감사하게도 나는 이 귀한 사실을 삶 속에서 많이 체험했다. 구제는 내 삶의 일부가 되었다.

## 선교는 하늘에 보물 쌓기
―"냉수 한 그릇도 갚아 주시는 하나님"

하나님께서 맡겨 주신 학교와 선교 센터 빌딩을 운영하면서 가장 힘들었던 것은 '어떻게 관리해야 하나님께 영광을 돌릴 수 있을까'였다. 나는 뭔가를 경영해 본 적도, 세상 물정에 대한 지식도 없어서 맡은 일들을 감당하기에 너무 부족했다.

빌딩을 구입할 때 빌린 융자금과 학교의 적자가 매달 불어나고 있었다. 재정 운영에 대한 하나님이 주시는 지혜가 절실히 필요했다. 처음에는 뉴질랜드 사람인 빌딩 매니저에게 많은 것을 의지했지만, 그는 세상 방법대로 예산을 짜고 거기에 맞춰 지출을 억제하고 빌린 은행 융자금을 갚는 데 주력했다. 그런데 융자금 상환을 우선순위에 놓다 보니 선교에 쓸 돈이 없었다. 뭔가 잘못된 것 같았다. 하나님께서 선교하라고 이 모든 것을 주셨는데 은행 빚만 갚고 있으니 부끄럽고 죄송했다.

그래서 과감하게 경영의 방향을 바꿨다. 은행 융자금 상환을 중단하고 형편이 되는 대로 선교와 구제에 힘쓰기로 했다. 일단 장학생 수를 매년 스무 명에서 여든 명으로 늘리고 장학생들이 거처할 장학관도 세 곳으로 확장했다. 장학관 안에 예배당도 세웠다. 학생들을 예배에 참석시키기 위해 승합차 다섯 대를 구입하고, 세계 각국의 성경책을 구입해서 무상으로 나눠 주었다.

예배가 있는 날에는 정성스럽게 준비한 음식을 제공했다. 세례식이나 특별한 행사가 있을 때도 여러 나라의 음식을 준비해서 넉넉하게 나누었다. 주일 점심에는 김치와 컵라면, 김 등 외국에서 먹기 힘든 한국 음식을 준비하고, 학교에서도 행사 때마다 파티를 열어 유학생들의 외로움을 달래 주었다. 우리의 섬김을 보고 학생들은 점점 마음을 열기 시작했다.

도움을 필요로 하는 세계 여러 교회와 선교 기관도 지원했다. 재정이 여유롭지는 않았지만 복음을 전하는 일에는 물질을 아끼지 않았다. 하나님께서는 하나님 나라의 확장을 위해 물질을 사용하는 자에게는 몇 백 배, 몇 천 배로 갚아 주신다. 내 안에는 그 전능하신 하나님을 향한 절대적인 믿음이 있었다. 하나님이 주신 물질은 반드시 하나님의 영광, 복음과 선, 의를 위해 쓰여야 한다. 주님께서는 우리가 물질을 어떻게 사용해야 하는지 말씀을 통해 명

확하게 가르쳐 주셨다. 그래서 나는 주님의 말씀대로 하늘나라에 보물을 쌓기로 했다.

> "너희를 위하여 보물을 땅에 쌓아 두지 말라 거기는 좀과 동록이 해하며 도둑이 구멍을 뚫고 도둑질하느니라 오직 너희를 위하여 보물을 하늘에 쌓아 두라 거기는 좀이나 동록이 해하지 못하며 도둑이 구멍을 뚫지도 못하고 도둑질도 못하느니라"(마 6:19-20).

나는 구제에도 물질을 아끼지 않았다. 하나님은 성경 말씀을 통해 구제의 축복에 대해 강조하신다. 구제는 축복의 통로요, 크리스천이 행해야 할 가장 기본적인 의무다.

> "또 누구든지 제자의 이름으로 이 작은 자 중 하나에게 냉수 한 그릇이라도 주는 자는 내가 진실로 너희에게 이르노니 그 사람이 결단코 상을 잃지 아니하리라 하시니라"(마 10:42).

하나님께서는 냉수 한 그릇 같은 작은 구제도 기뻐하시고 크게 보상해 주신다. 나는 삶을 통해 이 귀한 사실을 많이 체험했다. 이제 구제는 내 삶의 일부가 되었다.

배고프고 가난한 아이들 세 명을 후원하던 것이 지금은 매달 백 명으로 늘었고, 3만 원부터 시작했던 장애인 단체 후원이 매년 수천만 원씩 늘어나 이제는 수억 원에 달한다. 어려운 가운데서도 돕기로 결정하자 하나님께서는 후원할 수 있는 형편을 허락하셨다. 한국을 떠날 때 사두었던 조그만 아파트는 시가 4억 원이 되었는데, 이것 역시 장애인 단체에 기증했다.

나의 작은 선행을 드러내는 것은 심은 대로 거두게 하시는 하나님의 선하심을 증거하기 위함이다. 성경은 하나님이 구제를 얼마나 기뻐하시는지 보여 준다.

"심는 자에게 씨와 먹을 양식을 주시는 이가 너희 심을 것을 주사 풍성하게 하시고 너희 의의 열매를 더하게 하시리니"(고후 9:10).

하나님께서는 선교와 구제를 위해 심을 때에 풍성하게 하실 뿐 아니라 의의 열매를 더하신다. 하나님께서는 아무것도 없는 나에게 수백억 원이 넘는 재산을 허락해 주셨다. 그래서 나는 빌딩 수익금 대부분을 선교와 구제에 사용한다. 인간의 눈으로 보고 계산하면 부족해야 하지만 우리의 재정은 갈수록 더 풍성해진다. 앞으로 더 크게 부어 주실 축복이 기대된다.

나는 고린도후서 9장 8절 말씀을 아주 좋아한다. 하나님께서는 즐겨 내는 자를 사랑하시고 그에게 차고 넘치는 축복을 주겠다고 약속하셨다.

"하나님이 능히 모든 은혜를 너희에게 넘치게 하시나니 이는 너희로 모든 일에 항상 모든 것이 넉넉하여 모든 착한 일을 넘치게 하게 하려 하심이라"(고후 9:8).

우리 하나님은 이런 분이시다. 구제를 즐겨하는 자에게 '모든 은혜'를 넘치게 하시고, '모든 일에' 항상 '모든 것이' 넉넉하여 '모든 착한 일'을 넘치게 하시는 분이다. 이 말씀은 베푸는 자에게 언제나 차고 넘치게, 그래서 착한 일을 더 많이 할 수 있도록 공급해 주시겠다는 하나님의 신실하신 약속이다.

## 물질보다 하나님을 더 사랑하자
### —"물질을 쥐면 세상으로 돌아가는 사람들"

하나님을 믿는 우리는 자녀와 사업을 위해서, 또 미래를 위해서 걱정하지 않아도 된다. 모든 것이 하나님의 손에 달렸기 때문이다. 우리는 그저 하나님께 영광 돌리는 것에 집중하고 우리 삶 가운데 역사하시는 하나님만 바라보면 된다.

하나님께서는 자녀들이 이 땅에서 복의 근원으로 살아가길 원하신다. 세상의 부모들도 자녀가 잘되는 일이라면 목숨까지도 내놓는데, 하늘의 아버지이신 하나님께서 무엇을 아끼시겠는가. 하나님은 오히려 더 많이 주지 못해 못 견뎌 하신다.

"자기 아들을 아끼지 아니하시고 우리 모든 사람을 위하여 내주신 이가 어찌 그 아들과 함께 모든 것을 우리에게 주시지 아니하 겠느냐"(롬 8:32).

물질의 축복은 세상에 사는 우리가 간절히 원하는 것이다. 물질이 있어야 선교도 하고 구제도 할 수 있다. 그렇지만 우리의 모습을 돌아보면 하나님이 주고 싶어도 주지 못하시는 게 분명하다. 물질을 손에 쥐는 순간부터 하나님과 멀어지기 때문이다. 주위를 둘러보면, 어려울 때는 하나님을 의지하고 모든 예배, 기도회, 새벽 기도까지 참석하며 신앙생활을 열심히 하다가 하나님께서 긍휼을 베푸시고 물질의 여유를 주시면 세상으로 돌아가는 사람들이 많다. 만약 사랑하는 자녀에게 돈을 주었더니 술 마시러 다니고 노름하며 인생을 망가뜨리는 데 탕진한다면, 부모는 더 이상 돈을 주지 않을 것이다. 사랑하는 자녀를 망하게 하는 길이기 때문이다.

우리가 물질보다 하나님을 더 사랑할 때, 하나님께서는 우리에게 물질을 허락하신다. 하늘 문을 여시고 쌓을 곳이 없을 정도로 복을 부어 주신다. 하나님을 사랑하는 것은 이웃을 사랑하고 섬기는 것이다. 그래서 성경은 남에게 베푸는 사람이 되라고 말한다.

"은혜를 베풀며 꾸어 주는 자는 잘 되나니 그 일을 정의로 행하리로다"(시 112:5).

"흩어 구제하여도 더욱 부하게 되는 일이 있나니 과도히 아껴도 가난하게 될 뿐이니라 구제를 좋아하는 자는 풍족하여질 것이요 남을 윤택하게 하는 자는 자기도 윤택하여지리라"(잠 11:24-25).

## 올바른 헌금, 정직한 십일조
—"눈물을 흘리며 씨를 뿌리는 자"

하나님이 이루신 놀라운 일들을 간증하면서 느낀 점은 많은 이들이 물질의 축복에 대해 오해하고 있다는 것이다. 기도만 하면 하나님께서 다 주실 거라고 생각하지만 성경은 즐겨 내는 자를 축복한다고 말씀한다. 아무리 작정 기도, 금식 기도를 해도 온전한 헌금과 십일조를 드리지 않으면서 재물을 구한다면 열매를 맺을 수 없다. 그동안 나를 드러내는 게 두려워서 망설였지만 하나님의 영광을 나타내기 위해 내 삶을 함께 나누고자 한다.

"눈물을 흘리며 씨를 뿌리는 자는 기쁨으로 거두리로다"(시 126:5).

"심는 자에게 씨와 먹을 양식을 주시는 이가 너희 심을 것을 주사 풍성하게 하시고 너희 의의 열매를 더하게 하시리니"(고후 9:10).

의를 위해, 선을 위해, 그리고 하나님 나라를 위해 심으면 심은 대로 거두는 게 하나님의 진리다. 그런데 크리스천들이 헌금하는 것, 물질을 사용하는 모습을 보면 안타까운 마음이 들 때가 참 많다.

이 세상에서 우리 것은 하나도 없다. 청지기로서 복음과 선교, 그리고 하나님의 의를 위해 사용하라고 잠시 맡기신 것뿐이다. 그런데 많은 크리스천들이 이 물질을 마치 자신의 것처럼 쓴다. 자신의 유익과 만족, 자녀를 위해서 쓰는 물질은 아까워하지 않으면서 하나님께 드릴 때는 너무나 인색하다. 예배 시간에 헌금하는 모습을 보면 두려운 마음이 들 정도다.

하나님은 천지를 지으신 분이시지 우리의 헌금을 받아서 쓰시는 분이 아니다. 그런데도 하나님께서 헌금 제도를 만드신 건 드리는 물질을 통해 우리가 하나님을 얼마나 사랑하는지 그 마음을 보기 원하시기 때문이다(눅 21:3-4). 하나님은 부자들의 헌금보다 정성이 담긴 과부의 동전 두 렙돈을 더 기뻐하신다.

> "이르시되 내가 참으로 너희에게 말하노니 이 가난한 과부가 다른 모든 사람보다 많이 넣었도다 저들은 그 풍족한 중에서 헌금을 넣었거니와 이 과부는 그 가난한 중에서 자기가 가지고 있는 생활비 전부를 넣었느니라 하시니라"(눅 21:3-4).

하나님 안에서 헌금의 액수는 중요하지 않다. 정성을 담아 바치는 마음과 태도가 중요하다. 헌금을 통해 축복을 받는다는 말씀에는 익숙해도 '헌금을 잘못해서 저주받는다'라는 말은 생소할 것이다. 하지만 하나님께서는 말라기 선지자를 통해 분명히 말씀하신다.

"만군의 여호와가 이르노라 너희가 또 말하기를 이 일이 얼마나 번거로운고 하며 코웃음치고 훔친 물건과 저는 것, 병든 것을 가져왔느니라 너희가 이같이 봉헌물을 가져오니 내가 그것을 너희 손에서 받겠느냐 이는 여호와의 말이니라 짐승 떼 가운데에 수컷이 있거늘 그 서원하는 일에 흠 있는 것으로 속여 내게 드리는 자는 저주를 받으리니 나는 큰 임금이요 내 이름은 이방 민족 중에서 두려워하는 것이 됨이니라 만군의 여호와의 말이니라"(말 1:13-14).

잘못된 헌금을 하고 저주를 받느니, 차라리 하지 않는 것이 낫다고 할 정도로 하나님은 올바르지 않은 헌금에 대해 진노하신다. 예배 시간에 졸다가 헌금 바구니가 오는 것을 보고 호주머니에서 아무거나 꺼내서 휙 집어넣는 일, 그러다 실수로 자동차 키가 들어가서 담임 목사님이 광고를 하고, 10만 원짜리 수표를 넣고 나서 만 원짜리인 줄 알았다며 회계 장로님에게 거슬러 달라고 하는 일까지, 얼마나 두려운 모습이 많은가?

하나님 앞에 경솔하게 아무렇게나 헌금하는 것은 세상을 창조하신 하나님을 무시하는 것이다. 우리가 사랑하는 사람, 존경하는 사람에게 선물할 때 얼마나 정성을 들이는가. 그 사람이 뭘 좋아하는지 이 색깔은 잘 어울릴지 등 많은 고민을 한다. 인간에게 선물할 때도 이러한데 천지를 창조하신 하나님께 아무렇게나, 쓰다 남은 것을 드려서야 되겠는가? 우리 삶 속에는 하나님의 은혜가 아닌 것이 하나도 없다. 그 은혜가 감사하고 감격스러워서 우리의 마음을 물질에 담아 드리는 것이 헌금이다. 물질보다 하나님을 더 사랑할 때 하나님께서는 쌓을 곳이 없을 정도로 복을 내려 주신다.

어떤 엄마가 아이에게 비스킷을 주었다고 생각해 보자. 엄마가 비스킷을 먹는 아이에게 "아가, 엄마 그 비스킷 한입만 먹어보자"라고 했을 때, 아이가 손에 꼭 쥔 비스킷을 엄마에게 내밀면 엄마의 기분이 어떨까. 아이의 침이 잔뜩 묻은 그 하찮은 비스킷을 한입 먹고 "우리 아가 효자네"라며 좋아할 것이다. 그 비스킷을 준 사람이 자신인데도 말이다.

우리가 하나님께 아무리 좋은 것, 비싼 것을 드려도 그것은 아이의 코 묻은 비스킷에 불과하다. 그럼에도 하나님께서는 물질보다 하나님을 사랑하는 그 마음을 보고 기뻐하시며 우리에게 열 배, 백 배, 천 배의 복을 내려 주신다.

하나님께서는 당신의 자녀들에게 물질의 축복을 주고 싶어서 성경을 통하여 계속해서 '베풀어라', '꾸어 주라'라고 말씀하신다. 하나님의 의와 선한 일을 위해 쓰는 돈을 아까워하고 베풀지 않으면, 아무리 피땀 흘려 긁어모아도 하나님께서 가져가신다. 선한 곳에는 한 푼도 쓰지 않고 아껴 모으다가 병원에 감사 헌금, 강도에게 특별 감사 헌금을 하는 이들을 많이 봤다. 헌물에 대한 우리의 생각과 마음이 바로 서지 않으면, 하나님께서는 절대로 물질의 축복을 주시지 않는다.

특별히 하나님께 정직한 십일조를 바치는 것이 중요하다. 십일조는 크리스천의 의무이며, 하나님이 자녀들에게 허락하신 축복의 약속이다. 온전한 십일조를 바치고 이 땅에서 물질의 축복을 받지 못하는 사람은 한 명도 없다. 하나님께서는 우리에게 십일조를 통해 하나님을 시험해 보라고 하셨다. 이보다 더 확실한 약속이 어디 있겠는가? 다만 우리의 믿음이 약해서 이 축복의 기회를 놓치고 있다. 인간이 애쓰고 노력한다고 부요해지는 게 아니다. 물질의 축복은 하나님이 주신다.

> "만군의 여호와가 이르노라 너희의 온전한 십일조를 창고에 들여 나의 집에 양식이 있게 하고 그것으로 나를 시험하여 내가 하늘 문을 열고 너희에게 복을 쌓을 곳이 없도록 붓지 아니하나 보라"
> (말 3:10).

나는 평생 이 말씀을 지키려 애썼고 이 복을 매 순간 체험하며 살고 있다. 나는 좋은 학벌도 명석한 두뇌도 경영에 대한 해박함도 없다. 나의 경영 철학은 하나님의 말씀뿐이다. 세상의 그 어떤 경영학, 경제학도 하나님께서 말씀해 주신 천국 경제학의 원리를 설명하거나 넘어서지 못한다. 나는 이 원리에 따라 하나님께서 맡겨 주신 물질, 시간, 건강을 선교와 구제를 위해 사용하기를 원한다. 착하고 충성된 청지기의 삶에 충실하기를 소망한다.

## 몇 천 배로 갚아 주시는 하나님
### —"부동산에 귀재인 목사가 있다더라"

집회를 하러 호주에 갔더니 나에 대한 소문이 그곳까지 나 있었다.

"뉴질랜드에 부동산의 귀재인 목사가 있다더라."

"그 목사는 뭐든지 사기만 하면 대박이 난다더라."

그들은 부러움을 담아 말했지만, 하나님께서 역사하신 일들이 잘못 전해진 것을 보니 마음이 아팠다. 이 일을 통해서 영광받으셔야 할 분은 하나님 한 분이시다. 하나님께서 나에게 땅과 두 개의 빌딩 등 물질의 축복을 허락하신 것은, 이 모든 물질을 하나님의 영광을 위해서 쓰려고 애썼던 내 중심을 보셨기 때문이고, 앞으로도 그렇게 쓰라고 명하신 것이라고 생각한다.

물질의 축복에 관하여 하나님께서는 우리에게 분명하게 말씀해 주셨다. 온전함으로 즐겨 내는 자를 축복해 주신다는 것이다. 나는 이 말씀을 철저히 지키며 살았다. 축복의 방법을 나누고자 내 삶 가운데 역사하신 몇 가지 사건들을 간증하고자 한다.

결혼반지 위에 부어 주신 축복

나와 아내는 어머니께서 교회에서 빌려다 주신 150만 원으로 결혼식을 올리고, 피아노 학원에 딸린 월세방에서 살았다. 한전에 취직한 후에도 월급 28만 원 중 10만 원은 저축하고 18만 원으로 생활했다. 집도 없어서 당시 아내의 할머니가 사는 집에서 창고로 쓰는 다다미방에 얹혀살았다.

그런데 우리 교회가 건축을 시작했다. 우리 부부는 50만 원, 두 달 치 월급을 작정 헌금으로 드리기로 했다. 날짜는 점점 다가오는데 수중에 돈이 없었다. 결국 우리는 결혼반지를 팔기로 결정했다. 그래 봤자 금 두 돈이 전부라 아들 권욱이의 돌 반지까지 합쳤다. 그랬더니 50만 원 정도가 되었다. 다른 것도 아니고 어떻게 결혼반지를 파느냐고 생각하는 사람도 있겠지만 당시 우리는 결혼반지가 아깝다는 생각보다 하나님의 성전을 위해 무언가 드릴 수 있다는 사실이 너무 감사했다.

그런데 하나님께서 그 작은 것을 얼마나 기뻐하셨던지, 결혼하고 3년이 되던 해에 서울 시내에 있는 28평 아파트를 구입할 수 있었다. 남들이 10년을 열심히 벌어도 장만하기 힘든 새집을 구입하게 하신 것이다.

그때 한전에서 사원 아파트를 짓는다고 사원 조합을 만들어 신청자를 모집했다. 올림픽 직전인 1987년이었기 때문에 25평이 2,000만 원 정도 하던 시기였다. 나는 돈도 없으면서 계약금 30만 원을 걸고 25평으로 신청했다. 얘기를 들은 아내가 30만 원을 날렸다며 펄쩍 뛰었다. 그때 우리의 총 재산이 500만 원 정도였으니 그렇게 반응하는 게 당연했다. 하지만 아내를 아끼시던 할머니께서 1,000만 원 정도를 빌려 주기로 하셔서 돈이 채워졌다.

그런데 25평 신청자가 적어 25평 자체가 없어졌다. 어쩔 수 없이 28평을 분양받아야 하는 상황이었다. 그 차액을 어떻게 메울지 막막했다. 사실 우리 가족은 이 아파트에 살 계획이 없었다. 빚을 감당할 형편이 안 돼서 분양 후에 팔고 차액이 생기면 변두리에 15평 정도의 아파트를 장만하려 했다. 그래서 로열층을 분양받아 차액을 좀 더 남기고 싶었다. 가슴을 졸이며 로열층으로 분양해 달라고 기도했는데, 1층 가장 외진 구석에 있는 102호가 내 몫이 되었다.

계획에도 없던 28평 아파트를 신청해서 빚은 늘었는데 제일 좋지 않은 위치로 분양받으니 속이 상했다. 다행히 102호는 위치가 좋지 않기 때문에 저렴한 값에 분양해 주겠다고 했다. 계산해 보니 25평 분양가보다도 훨씬 저렴했다. 게다가 이 아파트값은 올림픽 이후에 네 배가 넘게 올랐다.

하나님께서는 건축 헌금으로 바쳤던 우리 부부의 결혼반지와 아들의 돌 반지를 기쁘게 받으시고 우리에게 집을 허락해 주신 것이다. 사실 하나님의 크고 광대하심에 비하면 별것 아니지만, 이 집은 우리 가족이 뉴질랜드에 올 때 유학 자금의 큰 발판이 되었다.

이 집을 팔 때도 하나님이 역사하셨다. 우리가 집을 판다는 소식을 듣고 한 노인이 우리 집을 찾아왔다. 이분은 매일 우리 집을 찾아와 이 집을 꼭 사겠다고 고집을 부렸다. 1층 구석에 있는 집이 뭐가 그리 좋았는지는 모르지만, 얼마든 상관없으니 이 집을 꼭 자기에게 팔라고 했다. 그 고집불통 할아버지 덕분에 우리 집은 로열층보다도 훨씬 비싼 가격에 팔렸다. 그 사건은 아파트 반상회의 톱뉴스가 되었다.

"권욱이네는 하나님 백이 있잖아!"

오죽하면 예수님을 믿지 않는 권욱이의 친구 엄마가 입술로 하나님을 시인했을 정도였다.

유학 자금을 제외한 돈으로 한국에 들어올 때를 대비해 수원에 있는 소형 주공아파트를 사두었는데 지금은 이 집을 장애인 형제들을 위해 기증했다. 하나님께서 내게 과분하게 주신 것을 생각하면 이 집은 하나님의 영광과 구제를 위해 쓰는 게 당연했기 때문에 기쁜 마음으로 드렸다. 신실하신 하나님께서는 작은 것 하나도 잊지 않으시고 상상할 수 없는 큰 것으로 갚아 주셨다.

헌 집을 드렸더니 새집을 주시네!

학교 일이 자리를 잡아갈 때쯤, 중고생 프로그램을 운영하기 위해 교육 환경이 괜찮은 곳을 찾다가 로터루아에 학교를 세우게 되었다. 그리고 근처에 작은 집을 구입해 거처할 곳을 마련했다. 집값의 80퍼센트는 은행에서 대출받은 것이었다. 그런데 학교를 세운 지 6개월 만에 한국에 IMF가 터져서 학교 문을 닫아야 했다.

9개월 동안 허송세월한 셈이었다. 이때 하나님의 경고를 받아 신학교로 복학했다.

돌아와 보니 신학교는 재정난에 허덕이고 있었다. 침체된 세계 경제로 선교 단체들도 후원이 끊겨서 어려워하고 있었다. 그 상황을 보니 마음이 아팠다. 이름만 빌려 시작한 것이지만 로터루아에서 학교 일을 시작한 것도 이 신학교를 돕기 위해서였고, 내가 신학을 공부하는 것도 선교를 하기 위한 것이었기 때문이다.

그때 하나님께서 그 집을 팔아 신학교와 선교 단체를 돕기 원하는 마음을 주셨다. 그렇지만 IMF가 터진 후라 집이 잘 팔리지 않았다. 나는 하나님께 집을 팔게 해달라고 간절히 기도했다. 기도 중에 2주 안에 집을 팔아 주시겠다고 응답하셨고, 진짜 2주 만에 집이 팔렸다. 우리는 생활비 석 달 치를 떼어 놓고 모든 금액을 신학교와 선교 단체에 전달했다.

사실 그때 우리는 오클랜드의 조그만 셋방에서 살고 있었다. 나와 아내는 조그만 방이라도 우리 집이 있었으면 하고 간절히 바랐다. 어려운 형편에 집세를 내는 게 부담이 됐기 때문이다. 사실 앞으로 집세를 어떻게 감당할지 대책도 없었다. 하나님께서는 이 어려운 상황을 외면하지 않으셨다. 어느 날 기도 중에 집을 주시겠다고 말씀하시며 집을 보러 다니라고 하셨다. 집세 내기도 어려운 형편인데 집을 사라고 하시니 선뜻 받아들여지지 않았다. 그러나 하나님께서 집을 주실 거라는 믿음이 생긴 그날 이후로 계속 집을 보러 다녔다.

그날 저녁에도 이웃 동네에 집을 보러 가는데 소낙비가 쏟아졌다. 빨리 집으로 가야 하는데 이상하게 자꾸 반대 방향으로 발걸음이 옮겨졌다. 비를 흠뻑 맞으면서 한참을 걸어가는데 눈앞에 아름다운 집이 보였다. 집 앞에는 집을 판다는 간판이 붙어 있었다. 집을 보는 순간 하나님께서 나를 위해 이 집을 준비해 두셨다는 강한 믿음이 생겼다. 분명 성령님께서 내 발걸음을 인도하신 것이었다.

나는 부동산 업자의 전화번호를 적어 집으로 돌아왔다. 아내에게 그 집에 대해 이야기하고 다음 날 용기를 내어 그 집을 방문했다. 방이 다섯 개나 있었다. 우리 형편으로는 꿈도 꾸지 못할 만큼 아름다운 집이었다.

하지만 하나님께서는 결국 이 집을 계약하게 하셨다. 내가 일했던 학교에서 보증을 서고 은행에서 돈을 빌려 집값을 치를 수 있게 인도하셨다. 그리고 얼마 되지 않아 하나님께서는 또다시 놀라운 방법으로 은행 빚을 갚아 주셨다. IMF의 여파로 한국에서 유학 오는 학생들이 없었는데, 갑자기 많은 학생들이 들어오면서 수익금이 생긴 것이다. 우리는 작은 셋방이라도 우리 집이 되었으면 좋겠다는 작은 소망을 가졌지만, 로터루아의 작은 집을 선교를 위해 바쳤다. 하나님은 이를 기억하시고 몇 십 배로, 우리가 도저히 기대할 수 없는 큰 집으로 갚아 주셨다.

인도 선교를 기뻐하신 하나님

내가 뉴질랜드 현지 교회에서 아시아인 사역을 맡아 동역하고 있을 때, 인도의 한 목사님이 설교하러 오신 적이 있다. 그분은 인도의 크리스천이 고난과 핍박을 받는 상황에서도 복음이 불길처럼 번져서 놀라운 역사가 일어나고 있다고 전했다. 그러면서 넓은 인도 땅에 복음을 전하기 위해서는 전도용 지프차 스물세 대가 필요하다고 도움을 청했다. 그 순간 내 마음이 너무 아팠다. 목사님이 도움을 받고자 이 먼 뉴질랜드 땅까지 찾아왔지만 어떤 교회도 도와줄 사정이 되지 않다는 것을 잘 알고 있었기 때문이다.

나는 마음속으로 하나님께 서원했다.

"하나님, 저는 가진 것이 없지만 저곳에 필요한 지프차를 꼭 보내고 싶습니다. 제가 저곳에 열 대를 보낼 수 있게 해주세요."

서원은 했지만 현실적으로는 불가능했다. 그래도 그 후로 돈이 생길 때마다 전도용 차량 구입을 위해 조금씩 저축했다. 하나님께서는 나의 간절한 마음을 보시고 물질을 채워 주셨다. 빠듯한 형편에 쉽지 않았지만 한 대씩 한 대씩 사서 결국 열 대를 다 보낼 수 있었다.

힘들게 열 대를 채운 후에 인도의 그 교회에서 메일이 왔다.

"보내 주신 지프차 열 대는 선교를 위해 잘 쓰고 있습니다. 진심으로 감사합니다. ……우리 교회는 밀려오는 신자들을 감당하고 많은 지역에 파송하기 위해 1년에 200명의 목회자를 양성하고 있습니다. 그런데 목회자들을 파송하고 나면 몇 달 만에 모두 사역지를 떠납니다. 생활을 유지하기 어려워서입니다. 우리가 이 일을 두고 하나님께 간구하는데 얼마 전, 우리 마을 강변에 5만 평이나 되는 사탕수수밭이 나왔습니다. 이 밭을 사면 200명의 목회자를 지원할 수 있고 유치원, 보육원 등을 세울 수 있습니다. 함께 기도해 주시기를 부탁드립니다."

전도용 차량을 보낼 때 내 이름이 아닌 교회 이름으로 보냈기 때문에, 인도 교회에서 우리 교회로 보낸 메일을 교회에서 다시 나에게 전달한 것이었다. 나는 메일 창을 닫아 버렸다. 전도용 차량 열 대를 사 보내느라 고생을 많이 해서 솔직히 외면하고 싶었다. 하지만 마음이 불편했다. 그때 통장에 하나님께서 학교 일을 통해 공급해 주신 돈이 있었기 때문이다. 실버데일 땅값을 갚으려고 차곡차곡 모아 둔 돈이었다.

인도에서 온 메일을 보자 자꾸 그 통장의 돈이 생각났다. 견딜 수 없어서 교회에 전화를 했다.

"그 인도 사탕수수밭 가격이 얼마인지 알아봐 주세요."

한편으로는 '인도의 땅값이 얼마나 하겠어. 비싸야 몇 만 불 하겠지' 싶은 마음도 있었다. 하지만 돌아온 답은 15만 불이었다. 그 돈은 당시 뉴질랜드에서 집 한 채를 살 수 있는 돈이었다. 그런데 하필이면 내 통장에 딱 그만큼의 돈이 있었다.

'모르겠다. 이 돈도 하나님 것이니 우선 급한 곳에 보내자. 실버데일 땅값은 하나님께서 책임지시겠지.'

나는 은행에 가서 15만 불짜리 수표를 끊어서 담임 목사님께 드렸다. 그렇게 해서 인도의 목사님은 수수밭을 사게 되었고, 나중에 수수밭에서 기뻐하는 인도 교인들의 사진을 보내주었다. 그 사진을 보고 하나님께 감사와 영광을 돌렸다.

하나님께서는 그 후에 엄청난 기적을 통해 내가 갚으려 했던 실버데일 땅값을 해결해 주셨고, 내게 선교 센터와 학교를 허락하셨다. 인도 선교를 위해 물질과 마음을 드린 나를 기뻐하시고 이렇게 몇 천 배, 몇 만 배로 보상해 주셨다.

Chapter 12

# 두려움 없이 하나님만 절대적으로 신뢰하는 삶

하나님은 우리를 에워싸고 있는 절망의 먹구름을 한순간에 걷어 내실 수 있는 분이다. 그 하나님께서 우리에게 원하시는 것은 단 하나, 하나님을 향한 절대적인 믿음뿐이다.

## 절대적 믿음, 복된 환경은 하나님 안에 있다
## —"아무것도 염려하지 말라고"

물질을 주시는 분은 하나님이시다. 극단적으로 말하자면 하나님의 은혜 없이 우리는 단돈 10원도 벌 수 없다. 그렇지만 하나님께서 하늘 문을 여시고 물질의 축복을 주실 때는 인간이 상상할 수도 없을 만큼 차고 넘치게 부어 주신다. 내 경험에 의하면 하나님은 한 번 주실 때마다 최소한 50억씩 아낌없이 부어 주시는 광대하신 분이다. 우리 하나님은 결코 인간의 생각으로 이해할 수 있는 분이 아니다. 그런데 우리는 자꾸 우리의 생각과 그릇으로 하나님을 제한한다. 이 글을 읽는 이들 중에도 분명히 '나는 월급

받고 살아가는 회사원인데 어떻게 그런 큰돈을 벌 수 있단 말인가'라고 의심하는 사람이 있을 것이다. 하지만 명심해야 할 것은, 하나님의 역사는 인간의 모든 지혜와 생각, 이성과 판단을 뛰어넘는다는 것이다.

얼마 전에 마음 아픈 뉴스를 들었다. 한 가족이 뿔뿔이 흩어진 채 도망을 다니고 있다는 내용이었다. 부부가 몇 년 전에 명예퇴직을 한 후 퇴직금으로 고깃집을 냈는데 광우병 파동이 일어나서 문을 닫게 되었다. 그 후로 새 출발을 하려고 어쩔 수 없이 은행에서 돈을 빌려다가 닭집을 차렸지만 조류독감 때문에 영업을 할 수 없게 되었다. 다시 여기저기서 돈을 빌려 삼겹살 집을 차렸는데 이번에는 구제역 때문에 도산해 버려서 결국 온 가족이 도망자 신세가 됐다는 것이었다. 우리는 지식과 정보를 총동원해 판단하고 실행에 옮기지만, 하나님께서 우리의 마음과 생각을 지켜 주시지 않으면 아무런 소용이 없다.

> "아무것도 염려하지 말고 다만 모든 일에 기도와 간구로, 너희 구할 것을 감사함으로 하나님께 아뢰라 그리하면 모든 지각에 뛰어난 하나님의 평강이 그리스도 예수 안에서 너희 마음과 생각을 지키시리라"(빌 4:6-7).

빌립보서 4장 6-7절 말씀은 우리에게 귀한 사실을 알려 준다. 하나님은 하나님을 의지하고 간구하는 자의 마음과 생각을 지켜 주신다. 급변하는 세상에서 우리 힘으로는 올바른 가치를 판단하고 그 길을 좇기 어렵다. 하나님께서 친히 내 생각과 마음을 지켜 주셔야만 가능하다.

내가 뉴질랜드에서 신학 공부를 시작할 때 눈앞에 보이는 것은 절망뿐이었다. 머리로는 아무것도 염려하지 말라는 말씀을 따르려고 애썼지만 염려를 떨쳐 버리기가 쉽지 않았다. 하지만 이 말씀을 암송하고 마음에 새겼다. 그러자 말씀의 능력이 나타나기 시작했다. 어느새 나는 모든 염려를 내려놓고 하나님께 기도를 드리고 있었다.

"주님! 저는 아무것도 할 수 없습니다. 저는 무엇을 해야 할지조차 모릅니다. 주님! 저를 긍휼히 여기시고 제 삶을 통해 주님께 영광을 돌릴 수 있게 해주세요."

이 간절한 기도를 통해 하나님께서는 내 인생에 홍해가 갈라지는 축복의 길을 열어 주셨다. 나는 지금도 이 말씀을 마음속에 새기고 이 말씀대로 살아가려고 애쓰고 있다. 하나님께서는 우리가 모든 일에 기도와 간구로 엎드리기를 원하신다. 영어 성경에는 '모든 일'이 'in everything'이라고 표현되어 있다. '모든 일'은 슬픈 일이나 기쁜 일, 실패나 성공 같은 모든 상황을 포함한다.

빌립보서 4장 6-7절은 이처럼 어떤 상황 속에서도 두려워하지 말고 하나님께 기도하라고 말씀한다. 그러나 무엇보다 이 기도에는 반드시 감사가 따라야 한다. 가끔 우리는 하나님께 원망과 탄식의 기도를 한다. 때로는 하나님의 뜻을 구하기보다는 우리의 요구만을 간구하기도 한다. 하나님께서는 이런 기도를 원하시지 않는다. 다니엘은 사자굴을 눈앞에 두고도 하나님께 감사 기도를 드렸고, 예수님도 나사로의 죽음 앞에서 하나님께 감사 기도를 드렸다. 이게 바로 우리가 본받아야 할 믿음의 자세다. 범사에 감사를 드리는 삶이 되어야 한다.


## 절망 속에 피어나는 감사
―"눈앞에 길은 보이지 않아도"

"다니엘이 이 조서에 왕의 도장이 찍힌 것을 알고도 자기 집에 돌아가서는 윗방에 올라가 예루살렘으로 향한 창문을 열고 전에 하던 대로 하루 세 번씩 무릎을 꿇고 기도하며 그의 하나님께 감사하였더라"(단 6:10).

어떻게 죽음을 눈앞에 둔 상황에서 감사 기도를 드릴 수 있을까? 위대한 믿음의 사람들은 감사할 수 없는 상황에도 감사했다. 그들의 감사 기도는 모든 것을 송두리째 바꾸는 위대한 역사를 만들어 냈다. 죽음의 사자굴은 오히려 그를 바벨론에서 가장 위대한 사람이 되게 하는 축복의 장소가 되었다. 사건을 일으키시는 분도, 환경을 바꾸시는 분도 하나님이시다.

"그는 때와 계절을 바꾸시며 왕들을 폐하시고 왕들을 세우시며 지혜자에게 지혜를 주시고 총명한 자에게 지식을 주시는도다 그는 깊고 은밀한 일을 나타내시고 어두운 데에 있는 것을 아시며 또 빛이 그와 함께 있도다"(단 2:21-22).

뉴질랜드에 살다 보면 심한 기후 변화 때문에 놀랄 때가 많다. 어떤 날은 먹구름이 온 하늘을 뒤덮어서 비가 올 것처럼 흐리다가 몇 분 지나지 않아 거짓말처럼 깨끗하게 개기도 한다. 먹구름의 흔적은 찾아볼 수도 없이 찬란한 태양만 빛난다. 우리 삶 속에도 한 치 앞을 내다볼 수 없을 정도로 짙은 먹구름이 낄 때가 있다. 그러나 중요한 것은 우리 눈에는 보이지 않지만 그 먹구름 뒤에 찬란한 태양이 있다는 사실이다.

어떤 상황 속에서도 사람을 보거나 환경에 집중하면 안 된다. 힘들고 어려울수록 역사의 주인이신 하나님만을 바라보아야 한다. 당장 우리 눈앞에 길이 보이지 않아도 기도하며 나아가면 우리를 에워싼 절망의 먹구름은 걷히고 찬란한 빛이 비친다. 그것은 거짓말처럼 한순간에 일어난다. 하나님은 언제나 인간의 생각을 초월하여 역사하신다.

하나님께서 우리에게 원하시는 것은 단 하나, 하나님을 향한 절대적인 믿음이다. 이 믿음 속에서 아버지를 바라보고 언제나 감사와 찬양을 올려드려야 한다.

복음을 전하던 바울과 실라는 심한 매를 맞고 빌립보 감옥에 갇

했으나 깊은 밤중에 하나님을 찬미하고 기도를 드렸다. 그때 옥문이 열리는 놀라운 기적이 일어났다. 그 기적으로 간수와 온 가족이 구원을 얻고 유럽 최초의 교회인 빌립보 교회가 탄생하게 되었다. 하나님께서 가장 원하시는 것은 우리가 끝까지 하나님을 신뢰하는 것이다.

하나님의 자녀들은 환난을 통하여 더 영화로워진다. 세계경제가 어떻고, 세상이 어떻게 돌아가든지 우리는 하나님만 바라보면 된다. 세상이 다 뒤집어진다 해도 하나님만 바라보면 흔들리지 않는다. 믿는 자가 살아가는 원동력은 세상이 아닌 하나님의 은혜에 있기 때문이다.

"하나님은 우리의 피난처시요 힘이시니 환난 중에 만날 큰 도움이시라 그러므로 땅이 변하든지 산이 흔들려 바다 가운데에 빠지든지 바닷물이 솟아나고 뛰놀든지 그것이 넘침으로 산이 흔들릴지라도 우리는 두려워하지 아니하리로다"(시 46:1-3).

이스라엘 민족은 430년 동안의 종살이를 마치고 하나님께서 약속하신 가나안 땅으로 들어갔다. 하나님께서는 이들을 애굽에서 이끌어 내실 때, 열 번의 재앙으로 하나님의 실재를 보이셨다. 그러나 홍해 앞에서 그들은 "애굽에 매장지가 없어서 이 광야에서 죽게 하느냐"(출 14:11) 하며 모세를 비방하기 시작했다.

하나님의 실재를 경험하고도 눈앞의 환경이 두려웠던 이들은 하나님을 바라보지 않았다. 하나님을 볼 수 없었던 그들에게는 소망도 없었다. 홍해가 열리는 기적은 하나님을 절대적으로 신뢰하는 자에게만 허락된다.

삶 가운데 우리가 당한 어려움이 아무리 커도 홍해 같지는 않을 것이다. 하나님은 우리가 홍해 같은 절망적인 상황 속에서도 하나님만 바라보고 찬양하고 감사하며 신뢰하기를 원하신다.

뉴질랜드 땅에서 학교를 운영하고 빌딩을 관리하고 많은 외국 직원을 이끌어 가는 일은 결코 쉽지 않았다. 이 모든 일의 목적을 선교에 두다 보니 방해꾼도 생기고 고소를 당할 때도 있었다. 예를 들어, 선교 사역을 방해하는 직원을 해고하면 바로 고소를 당했다. 그렇다고 선교 사역을 포기할 수는 없었다.

이런 수많은 위기 속에서도 지금까지 견딜 수 있었던 것은 하나님을 향한 절대적 믿음이 있었기 때문이다. 어떤 상황 속에서도 환경을 바라보며 두려워하지 않았다. 무엇보다 사람을 두려워하지 않으려고 노력했다. 문제를 해결하려고 환경을 바꾸거나 사람과 타협하지도 않았다. 위기 속에서 언제나 하나님만 바라보고 하나님께 무릎 꿇고 기도했다.

성경은 우리가 세상이나 사람을 의지할 때 저주를 받는다고 말씀한다.

"여호와께서 이와 같이 말씀하시니라 무릇 사람을 믿으며 육신으로 그의 힘을 삼고 마음이 여호와에게서 떠난 그 사람은 저주를 받을 것이라 그는 사막의 떨기나무 같아서 좋은 일이 오는 것을 보지 못하고 광야 간조한 곳, 건건한 땅, 사람이 살지 않는 땅에 살리라"(렘 17:5-6).

광야 한가운데 메마르고 사람이 살지 않는 땅에서 사는 삶에 대해 상상해 본 적이 있는가? 하나님의 자녀들이 하나님보다 사람을 더 믿고 의지하면 이렇게 비참한 인생을 살게 된다. 반대로 하나님만 의지하고 여호와 하나님을 위해 사는 사람은 그 삶 가운데 풍성한 열매가 차고 넘친다.

"그러나 무릇 여호와를 의지하며 여호와를 의뢰하는 그 사람은 복을 받을 것이라 그는 물 가에 심어진 나무가 그 뿌리를 강변에 뻗치고 더위가 올지라도 두려워하지 아니하며 그 잎이 청청하며 가무는 해에도 걱정이 없고 결실이 그치지 아니함 같으리라"(렘 17:7-8).

내게 주어진 일을 감당하다가 어려움을 만났을 때 내가 할 수 있는 것은 기도뿐이었다. 내 힘과 능력으로는 아무것도 할 수 없다. 나는 절박한 문제가 생길 때마다 금식하며 기도했다. 놀라운 것은 사흘만 금식 기도하면 아무리 큰 문제라도 눈 녹듯이 해결되었다. 이렇듯 하나님은 우리 인생의 주인이시요 보호자시다.

## 오직 하나님의 영광을 위하여
### —"모든 것을 배설물처럼"

참 믿음의 사람으로 우리가 이 땅에서 해야 할 일은 오직 하나님께 영광을 돌리는 것뿐이다.

"그런즉 너희가 먹든지 마시든지 무엇을 하든지 다 하나님의 영광을 위하여 하라"(고전 10:31).

하나님께서 주신 환경 속에서 언제나 하나님께 영광 돌리는 것, 믿음의 사람들은 이것 하나만 생각하고 살면 된다. 그런데 오늘날 많은 크리스천들이 자신의 삶을 하나님께 드리기보다는 자기 힘으로 가질 수 없는 세상의 것들을 하나님의 힘을 빌어서 잡으려고 발버둥 친다.

참 믿음은 소유하는 것이 아니라 하나님의 영광을 위해 내가 가진 모든 것을 배설물처럼 여기고 버리는 것이다. 바울은 학식이 뛰어나고 지위가 높으며 세상에 부러운 것이 없는 사람이었다. 세상 한가운데서 살던 바울은 주님을 알고 나서 그 모든 것들을 배설물처럼 여겼다(빌 3:7-9). 바울에게 중요했던 것은 오직 예수 그리스도와 십자가뿐이었다. 그의 간절한 소망은 그의 삶 전체를 통하여 그리스도만 존귀하게 하는 것이었다.

"나의 간절한 기대와 소망을 따라 아무 일에든지 부끄러워하지 아니하고 지금도 전과 같이 온전히 담대하여 살든지 죽든지 내 몸에서 그리스도가 존귀하게 되게 하려 하나니"(빌 1:20).

참 믿음의 생활은 주님과 복음을 위하여 모든 것을 버리는 삶이다. 주님과 동행하다 보면 내가 가장 귀하게 여기는 것을 버려야 할 때가 있다. 그것이 재물일 수도 있고 때로는 가족, 때로는 나의 삶 전부일 수도 있다(막 10:29-30).

주님은 우리가 이 세상 그 어떤 것보다도 주님을 더 사랑하기를 원하신다. 예수님은 "아버지나 어머니를 나보다 더 사랑하는 자는 내게 합당하지 아니하고 아들이나 딸을 나보다 더 사랑하는 자도 내게 합당하지 아니하며"(마 10:37)라고 말씀하셨다.

주님께서는 왜 주님과 복음을 위해 모든 것을 버리라고 말씀하셨을까? 그것이 가장 큰 축복의 길이고, 버리는 것이 바로 얻는 것이기 때문이다. 주님과 복음을 위해 내가 귀하게 여기는 것들을 다 버릴 때, 주님께서는 이 땅의 것뿐만 아니라 영원한 하늘나라의 것으로 갚아 주신다. 주님은 몇 백 배, 몇 천 배로 후하게 갚아 주시는 분이다. 주님을 위해 버리는 것만이 주님 안에서 풍성하게 사는 길이다.

그런데 천국 시민인 우리는 어떻게 살고 있나. 부질없는 세상의 것들을 잡으려고 발버둥 치고 있지는 않은가. 하나님의 사람이라고 하면서 세상 사람과 똑같은 모습으로 사는 것은 부끄러운 일이다. 하나님이 나를 위해 예비하신 천국의 상급을 바라보고, 위의 것을 생각하고 땅의 것은 생각하지 말아야 한다(골 3:2).

우리는 하나님의 청지기다. 이 땅에 우리 것은 아무것도 없다. 지금 우리의 소유는 하나님께서 복음과 선을 위해, 하나님의 영광을 드러내라고 잠깐 맡기신 것이다. 청지기는 주인의 뜻에 따라 모든 것을 관리하는 사람이다. 우리는 언제나 주님의 뜻을 생각하고, 주님의 영광만을 생각해야 한다.

> "우리가 살아도 주를 위하여 살고 죽어도 주를 위하여 죽나니 그러므로 사나 죽으나 우리가 주의 것이로다"(롬 14:8).

하나님의 자녀들은 하나님을 위해 살아가야 한다. 그 삶 속에서 하나님의 의와 영광만이 드러나서 하나님을 기쁘게 해야 한다. 성경이나 역사 속에 나오는 믿음의 선조들, 또 우리 주위에 있는 믿음의 사람들을 보면 그 삶이 너무나 단순하다. 어떻게 하면 하나님께 영광을 돌릴 수 있는지, 어떻게 살면 하나님의 의와 나라가 드러나는지에 초점을 맞추고 살아가기 때문이다.

그래서 하나님을 믿는 우리는 자녀와 사업, 미래에 대해서 걱정할 필요가 없다. 모든 것이 하나님의 손에 달려 있다. 우리는 하나님을 찬양하는 삶에 집중하고 우리 삶 가운데 역사하실 하나님만 바라보면 된다. 먼저 하나님의 나라와 그 의를 생각하고 하나님께 초점을 맞추고 살다 보면, 사랑과 긍휼이 풍성하신 하나님께서 모든 것을 채우시고 넘치도록 부어 주심을 경험하게 된다.

"그러므로 염려하여 이르기를 무엇을 먹을까 무엇을 마실까 무엇을 입을까 하지 말라 이는 다 이방인들이 구하는 것이라 너희 하늘 아버지께서 이 모든 것이 너희에게 있어야 할 줄을 아시느니라 그런즉 너희는 먼저 그의 나라와 그의 의를 구하라 그리하면 이 모든 것을 너희에게 더하시리라"(마 6:31-33).

하나님께서는 무능하고 부족한 나를 들어 뉴질랜드 땅에서 선교의 꽃이 피게 하셨다. 하나님께서는 지금도 세계 곳곳에서 하나님을 절대적으로 신뢰하는 사람, 참 믿음을 가진 자를 찾고 계신다. 그들을 통해서 지금도 하나님의 역사를 이루고 계심을 믿는다.

Chapter 13

# 이 시대의 다니엘을 꿈꾸며

성경은 "여호와의 율법을 즐거워하여 그 율법을 주야로 묵상하는" 자를 복되다고 말한다. 세상 지식보다 하나님을 아는 일에 더 힘써야 하는 까닭이 여기에 있다.

## 이 시대의 다니엘로 키우기
## —"너무나 단순한 축복의 원칙"

"저 목사님, 뉴질랜드에 너무 오래 계셨나 보네. 한국 사회가 지금 경쟁이 얼마나 치열한데 저런 말씀을 하셔. 믿는 사람들이 세상의 머리가 되어야지. 공부는 안 하고 성경만 읽다가 세상 사람들에게 뒤처지면 그게 덕이 되겠어?"

설교나 간증 집회에서 어린 시절 이야기나 어머니의 교육법에 대해 이야기하면 으레 듣는 말이다. 20년 전에는 통했지만 요즘 같은 '무한 경쟁 시대'에는 맞지 않다고 생각할 수도 있다. 하지만 하나님을 아는 것이 지혜의 근본이다. 이 가르침은 시대와 상관없이 동일하다.

얼마 전에 우리나라 청소년들의 정신 질환 비율이 OECD 국가 중에서 가장 높다는 뉴스 기사를 읽었다. 실제로 우리나라 학부모들은 자녀를 좋은 대학에 보내기 위해 학원을 몇 군데씩 보내고 학교 성적이 조금만 떨어져도 가슴을 치면서, 정작 자녀의 영혼이 죽어 가는 것은 안타까워하지 않는다. 세상 사람의 이야기가 아니다. 크리스천 부모들이 그렇다는 것이다.

복을 주시는 분은 하나님이시다. 자녀가 잘되기를 바란다면 하나님 앞에 올바로 서는 법, 삶이 하나님께 복을 받을 수 있는 법을 가르쳐야 한다. 자녀의 영혼을 살리기 위해서는 하나님 섬기는 것을 우선으로 삼고 하나님을 두려워하며 살도록 교육해야 한다.

이것이 바로 우리 자녀가 복의 근원이 되는 방법이다. 시험 기간에 교회 가는 자녀들을 혼내고, 대학 가기 전까지 교회 봉사는 접으라고 권고하는 크리스천 부모를 보면 매우 안타깝다. 이렇게 세상적인 방법으로 가르치면서 어떻게 자녀가 잘되기를 바라는가.

성경 속 위대한 인물 중 하나인 다니엘은 유다에서 바벨론으로 잡혀 온 포로였다. 그는 하나님의 은혜로 느부갓네살 왕에게 선택되어 왕궁에 입성했다. 왕이 주는 진미를 먹으며 왕궁에서 3년간 교육을 받고 바벨론의 귀족으로 살 수 있는 특권이 주어진 것이다.

하지만 다니엘은 선조들이 하나님 앞에서 바르게 살지 못했기 때문에 나라가 망하고 비참한 포로 생활을 하게 됐다는 것을 잘 알고 있었다. 그래서 자기만이라도 깨끗한 모습으로 살겠다고 뜻을 정하고 왕이 주는 진미를 거부했다. 우상을 섬기는 제사에 바쳤던 음식이기 때문이었다. 그는 우상의 제물로 자신을 더럽히고 싶지 않았다.

그에게는 바벨론 귀족이 되는 것보다 하나님 앞에 정결하게 서는 것이 훨씬 중요했다. 왕의 진미를 거절하는 건 왕의 명령을 거절하는 의미고 생명이 걸린 문제라는 것을 알면서도 그는 하나님 앞에서 진실하고 깨끗하게 살고자 했다. 이런 믿음의 사람을 하나님께서는 들어 쓰신다. 하나님께서는 다니엘과 세 친구들에게 온 나라의 박수와 술객보다 열 배나 뛰어난 지혜와 총명을 선물로 주셨다.

더욱 놀라운 것은, 바벨론의 왕이 네 번이나 바뀌는 동안 다니엘은 변함없이 국무총리 자리에 있었다는 것이다. 왕이 법이요, 권력이었던 시대에 이전의 국무총리가 바뀌지 않고 자리를 지킨다는 것은 사실상 불가능한 이야기다. 세 번째 왕이었던 다리오는 두 번째 왕인 벨사살 왕을 죽인 후에 왕이 된 사람이다. 벨사살 왕을 보필했던 다니엘이 국무총리 자리에 그대로 있었다는 것은 기적이다. 하나님께서 다니엘을 높이시니 내릴 사람이 없었던 것이다.

> "무릇 높이는 일이 동쪽에서나 서쪽에서 말미암지 아니하며 남쪽에서도 말미암지 아니하고 오직 재판장이신 하나님이 이를 낮추시고 저를 높이시느니라"(시 75:6-7).

어쩌면 누군가는 "주여, 우리 아들딸도 바벨론의 귀족 자리에 앉게 해주세요"라고 기도하고 있을지도 모른다. 그러면서 하나님을 경외하도록 가르치는 것이 아니라 수단과 방법을 가리지 않고 출세하기만을 바란다. 주일을 경건하게 지키지 않고 성경을 읽지 않고 기도를 게을리해도 공부를 잘해서 일류 대학에 들어가기만 하면 된다고 생각한다. 하지만 하나님을 떠나 이룬 성공은 모래 위에 성을 쌓는 것이다.

자녀는 내가 키우는 것이 아니다. 어느 부모가 자녀의 미래를 책임질 수 있겠는가? 아무리 능력 있는 부모라도 자식의 미래를 보장할 수는 없다. 오직 하나님만이 내 자녀를 복되게 해주신다.

주님 안에 있을 때만 자녀들은 풍성한 열매를 맺을 수 있다. 주님을 떠난 인생이 지금 당장은 편하고 잘되는 것처럼 보이더라도, 그 결말은 밖에 버려진 마른 나뭇가지와 같다.

> "나는 포도나무요 너희는 가지라 그가 내 안에, 내가 그 안에 거하면 사람이 열매를 많이 맺나니 나를 떠나서는 너희가 아무것도 할 수 없음이라 사람이 내 안에 거하지 아니하면 가지처럼 밖에 버려져 마르나니 사람들이 그것을 모아다가 불에 던져 사르느니라"(요 15:5-6).

자녀가 이 땅에서 복의 근원이 되기를 바란다면, 세상 그 어떤 것보다 하나님 섬기는 것을 인생의 목적으로 삼게 가르쳐야 한다. 하나님을 기쁘게 하는 자녀들의 인생은 하나님께서 친히 책임져 주신다. 나는 내 힘으로는 뉴질랜드에서 밥 한 끼도 해결할 수 없는 연약한 자였다. 하지만 하나님께서는 내가 이 땅에서 도움받는 자로 살게 하지 않으시고 내 생각과 능력을 뛰어넘어 학교와 선교 센터를 세워 주셨다. 그래서 여러 사람들에게 도움을 줄 수 있는 자가 되게 하셨다. 이 모든 것이 하나님의 은혜다.

이 시대의 다니엘이 탄생하는 데에는 부모의 역할도 중요하지만, 목회자의 역할도 매우 중요하다. 목회자는 영적 부모이기 때문이다.

"청년의 때에 하나님의 말씀으로 무장해야 한다. 먼저 하나님의 말씀으로 기초를 세우고 그 위에 세상의 학문을 쌓아야 한다."

목회자라면 이렇게 가르쳐야 할 것이다. 이것이 바로 축복의 길이기 때문이다. 아무리 세상 지식을 많이 안다 해도 지혜의 근본이신 하나님을 모른다면 아무 소용없다. 우리는 세상 지식보다 말씀을 통해 하나님을 알고, 묵상하는 것을 우선으로 삼아야 한다.

> "복 있는 사람은 악인들의 꾀를 따르지 아니하며 죄인들의 길에 서지 아니하며 오만한 자들의 자리에 앉지 아니하고 오직 여호와의 율법을 즐거워하여 그의 율법을 주야로 묵상하는도다"(시 1:1-2).

성경은 "여호와의 율법을 즐거워하여 그의 율법을 주야로 묵상하는" 자를 복되다고 말씀한다. 많은 사람이 세상 지식을 쌓기 위해 밤잠을 설쳐 가며 공부하지만, 신앙생활을 한 지 오래된 성도 중에서도 매년 꾸준히 말씀을 일독하는 사람은 찾아보기 어렵다.

하나님께서 세우지 않으시면, 인간의 수고로는 그 어떤 것도 세울 수 없다. 하지만 하나님을 전적으로 의지하고 하나님께 소망을 두는 자는 어떤 풍파가 와도 평안한 쉼을 누릴 수 있다.

> "여호와께서 집을 세우지 아니하시면 세우는 자의 수고가 헛되며 여호와께서 성을 지키지 아니하시면 파수꾼의 깨어 있음이 헛되도다 너희가 일찍이 일어나고 늦게 누우며 수고의 떡을 먹음이 헛되도다 그러므로 여호와께서 그의 사랑하시는 자에게는 잠을 주시는도다"(시 127:1-2).

우리에게는 소망이 있다. 우리의 부족한 힘, 우리의 짧은 지식으로 어떻게든 살아 보려고 아등바등할 것이 아니라 삶을 하나님께 맡기라. 내 삶을 책임져 주시는 하나님이 계시기에 어려운 가운데서도 우리는 평안히 잘 수 있다. 하나님의 영역은 하나님께 맡기고, 우리는 우리가 맡은 부분만 잘 감당하면 된다. '우리에게 맡겨진 일'이란 주어진 환경 속에서 하나님을 영화롭게 하고, 하나님께 모든 영광을 돌리는 것이다.

우리 자녀들도 그렇게 교육하면 한없는 축복을 누릴 수 있다. 얼마나 단순한가? 그저 하나님께 잘 보이면 된다. 어쩌면 너무 단순해서 우리가 이 원리를 쉽게 놓치는지도 모른다. 진심을 다해 이 원칙대로 살다 보면, 단순한 믿음의 사람 안에서 역사하시는 위대한 하나님을 보게 될 것이다.


## 이 시대의 다니엘로 살아가기
## —"박사 학위로 준비된 자를 쓰신다"

크리스천들이 세상의 각 분야에서 머리가 될 수 있다면 하나님께 큰 영광이 될 수 있을 것이다. 지도자, 전문가의 삶을 살면서 믿지 않는 사람들에게 복음을 전한다면 분명 세상의 빛이 되는 길이다. 그러나 세상의 최고가 되기 위해 하나님을 등한시한다면 망하는 지름길로 가게 된다.

우리가 배워야 하는 것은 오직 하나, '어떻게 하면 이 세상과 구별되어 하나님 보시기에 바르게 살아갈 수 있는가'다. 하나님이 쓰시기로 작정하셨다면, 그 사람이 어느 대학을 나왔는지, 지식의 많고 적음은 문제되지 않는다. 하나님께서는 세상의 조건과 상관없이 인간의 상식을 뛰어넘는 방법과 지혜로 당신의 자녀들을 세상의 머리가 되게 하신다. 요셉은 심지어 노예였다!

열일곱 살에 노예로 끌려간 후 서른 살까지 감옥에 갇혀 있었는데, 무슨 학문을 닦았겠는가. 그저 감옥 속에서 하나님을 섬기고 경외하다 보니 옥중 죄수가 하루아침에 한 나라의 국무총리가 된 것이다.

어느 목사님이 청년들에게 이렇게 설교하는 것을 들은 적이 있다.

"요셉은 비록 감옥에 갇혀 있었으나 그 감옥이 왕궁의 엘리트들을 수용한 감옥이었기 때문에 그곳에서 많은 학문을 배울 수 있었다. 또한 요셉 자신이 감옥에서 열심히 애굽 학문을 공부했기 때문에 국무총리가 될 수 있었다."

주님은 상황까지도 이끄시는 분이시다. 그러나 요셉이 자신의 노력과 의로 그 자리에 올랐다고 보는 것은 하나님의 능력을 외면하는 말이다. 시편 기자가 말하듯, 요셉은 하나님이 그를 들어 쓰실 때까지 큰 고난 속에 있었다.

"그가 한 사람을 앞서 보내셨음이여 요셉이 종으로 팔렸도다 그의 발은 차꼬를 차고 그의 몸은 쇠사슬에 매였으니"(시 105:17-18).

성경은 분명히 요셉이 복된 사람으로서, 그가 세상의 머리가 된 것은 그와 함께하신 여호와 하나님 때문이라고 기록하였다.

"여호와께서 요셉과 함께 하시므로 그가 형통한 자가 되어 그의 주인 애굽 사람의 집에 있으니"(창 39:2).

"간수장은 그의 손에 맡긴 것을 무엇이든지 살펴보지 아니하였으니 이는 여호와께서 요셉과 함께 하심이라 여호와께서 그를 범사에 형통하게 하셨더라"(창 39:23).

세상에서 두각을 나타내는 것도 내 노력이나 지식으로 되는 게 아니다. 하나님께서 허락하셔야 가능하다. 인간이 보기에는 초라하고 한없이 약한 자일지라도 하나님께서는 그 중심을 보시고 그를 들어 쓰신다. 오히려 약한 자를 들어서 자기의 힘과 능력만 의지하는 강한 자들을 부끄럽게 하신다.

> "그러나 하나님께서 세상의 미련한 것들을 택하사 지혜 있는 자들을 부끄럽게 하려 하시고 세상의 약한 것들을 택하사 강한 것들을 부끄럽게 하려 하시며 하나님께서 세상의 천한 것들과 멸시 받는 것들과 없는 것들을 택하사 있는 것들을 폐하려 하시나니"
> (고전 1:27-28).

오늘날 많은 크리스천들이 하나님께서 준비된 자를 쓰신다며 좋은 학벌과 능력을 강조한다. 몇 년 전 이곳 청년 집회에 강사로 오신 유명한 목사님도 청년들에게 하나님께 쓰임 받으려면 박사 학위를 받아야 한다고 강변하셨다.

이 얼마나 청년들을 혼란하게 하는 말인가? 성경 어디에도 하나님께서 세상의 학벌로 사람을 사용하신다는 말씀은 없다. 학벌을 갖추기 전에 먼저 하나님의 마음에 합한 사람이 되어야 한다. 박사 학위가 열 개라도 하나님을 중심에 모시고 살지 않는다면 학위는 별 가치가 없다.

잠언 1장 7절은 "하나님을 경외하는 것이 지식의 근본"이라고 가르친다. 하나님께서는 세상의 것으로 준비된 자가 아니라 준비된 심령을 쓰신다. 심령이 깨끗한 자를 들어 하나님의 계획대로 훈련시키시고 맡기실 일들을 감당할 수 있도록 친히 준비시켜 나가신다.

세상의 기준에서는 아무 쓸모없던 나를 훈련시키시고, 뉴질랜드 땅에서 귀한 선교 사역을 감당할 수 있게 역사하신 분이 바로 하나님이시다. 한전에서의 외자처 근무 경험과 대한배구협회에서의 다양한 국제 행사를 치른 경험 등 현재 선교 사역에 필요한 모든 것들은 내가 준비한 것이 아니라 오늘을 위해 하나님께서 친히 계획하고 준비하신 것들이다.

주님께서는 우리에게 세상의 빛과 소금이 되라고 말씀하셨다. 무엇이 세상의 빛이고 소금인가? 세상이 알아주는 학식과 권력, 부를 가진 것이 빛의 삶인가?

> "너희는 세상의 빛이라 산 위에 있는 동네가 숨겨지지 못할 것이요 사람이 등불을 켜서 말 아래에 두지 아니하고 등경 위에 두나니 이러므로 집 안 모든 사람에게 비치느니라 이같이 너희 빛이 사람 앞에 비치게 하여 그들로 너희 착한 행실을 보고 하늘에 계신 너희 아버지께 영광을 돌리게 하라"(마 5:14-16).

인간의 학식과 권위와 부를 가지고 빛을 비추는 것이 아니라 우리의 착한 행실을 통하여 하나님께 영광을 돌려야 한다.

누가복음 16장 19절 이하를 보면 부자와 나사로에 대한 이야기가 나온다. 세상 사람들은 부자를 성공한 사람으로 인정한다. 현대의 많은 크리스천들도 세상이 인정해 주는 부자와 같은 삶을 살기를 소망한다. 그러나 성경은 부자의 상에서 떨어지는 부스러기로 연명했던 거지 나사로를 복된 자, 성공한 자로 인정한다. 성경은 천국에서 그들의 모습이 완전히 뒤바뀌는 것을 보여주지 않는가? 이처럼 믿는 자들은 이 땅의 기준에서 성공을 바랄 것이 아니라 하나님의 기준에서 자신을 바라보고 기대해야 한다.

세상의 기준에는 미흡할지라도 끝까지 하나님 중심으로 살면, 하나님께서는 반드시 그에게 필요한 지혜와 총명을 주신다. 하나님은 믿음을 지키고자 목숨을 걸고 왕의 진미를 거절했던 다니엘과 세 친구들에게 바벨론의 박수와 술객보다 열 배나 뛰어난 지혜와 총명을 주셨다. 풀무불과 사자굴에 집어넣으며 그들의 믿음을 비웃던 적들 앞에서 그들을 더욱 높이셨다.

하나님께 영광을 돌리고 세상에 선한 영향력을 미치는 자로 살라. 하나님께서는 지금도 그런 믿음의 사람들을 통해 인류의 역사를 이루어 가신다.

# Part VI.
## 하나님이 주신 또 하나의 비전

Chapter 14

# 나의 동역자, 나의 가족

부유하게 자란 아내, 하나님께서 물질을 주셨는데도 언제나 소박한 삶을 사는 아내, 하나님이 부어 주신 모든 것에 늘 감사하는 아내, 하나님께서 준비하신 귀한 동역자임에 틀림없다.

### 사랑하는 나의 아내
### —"매주 목요일 소고기 백반 100인분이요!"

유학생 목회는 섬기는 목회다. 외국 땅에서 외롭고 힘들게 지내는 유학생들은 유혹에 빠지기 쉽다. 믿는 아이들도 자신을 정결하게 지켜 나가기 어려운 환경이니 믿음 없는 아이들이 바르게 사는 건 더 힘든 일이다. 실제로 많은 유학생이 외로움을 달래기 위해 동거 생활을 하고 마약이나 카지노에 빠져 자기를 망가뜨리고 있다.

유학생 목회는 먹이고 돌보는 게 필수적이라 물질이 많이 필요했다. 하나님께 사람의 후원이나 도움 없이 하나님이 주시는 물질로 선교하게 해달라고 간구했다. 실제로 유학 시절 초기에 가족들과 친구들의 후원을 기대하다 보니 하나님과 멀어지고 사람에게 의존하기도 했다. 인간의 도움을 기다리는 내 모습이 너무 부끄러웠다.

어려운 재정 속에서 유학생 목회를 한다는 게 쉽지 않았다. 어려운 가운데서도 아내는 유학생들의 식사를 정성껏 준비했다. 학생들이라고 대충 먹이지 않았고 힘든 형편 속에서도 유학생들의 어머니 역할을 잘해 주었다. 중국 학생들에게 복음을 전하기 시작하면서는 매주 100인분이 넘는 불고기 덮밥을 준비해서 그들을 대접했다.

지금도 60여 명의 선교 장학생들과 매년 이곳을 다녀가는 수백 명의 유학생들의 어머니 역할을 잘 감당하고 있다. 아이들을 섬기면서 상처도 많이 받았지만 아내는 늘 웃는 얼굴로 그들을 섬겼다. 고생하지 않고 부유하게 자란 아내, 하나님께서 물질을 주셨는데도 언제나 소박한 삶을 사는 아내, 하나님이 부어 주신 모든 것에 늘 감사하는 아내, 하나님께서 준비하신 귀한 동역자임에 틀림없다.


## 나의 동역자인 믿음의 아들
### —"공부보다 중요한 것을 가르치다"

아들은 아홉 살에 뉴질랜드로 왔고, 이곳에서 신학대학을 졸업했다. 나는 어머니에게 받았던 신앙 교육대로 아들을 가르쳤다.

나 역시 아들에게 공부를 강조한 적이 없고, 하나님을 두려워하고 하나님께만 영광 돌리는 삶을 살라고 가르쳤다. 철저하게 주일을 지키고 말씀 속에 살도록 훈련했고, 매일 아침 성경을 쓰라고 권했다. 아들은 고맙게도 지금까지 믿음 안에서 잘 자라 주었다.

하나님은 아들에게 특별히 음악적 재능과 컴퓨터를 잘 다루는 재능을 주셨다. 내가 학교 일을 시작했을 때, 초등학생이었던 아들이 아이들의 사진과 영상을 부모들에게 보내는 일을 도와주었다. 학교 팸플릿과 자료들도 만들어 주었다. 초등학교 6학년 때는 학교 홈페이지도 멋지게 제작해 주었다. 지금도 교회와 학교에 필요한 영상과 홈페이지 등 컴퓨터에 관련된 것들은 아들이 맡고 있다.

컴퓨터에 특별한 재능을 가진 아들은 대학에서 컴퓨터 관련 학문을 공부하고 싶어 했다. 그러나 나는 세상 학문보다 하나님 말씀으로 기초를 세우는 것이 더 중요하다고 여겨 신학을 먼저 공부하라고 권유했다. 어려운 결정이었으나 아들은 순종해서 신학대학을 먼저 마쳤다. 얼마나 감사하고 자랑스러웠는지 모른다.

아들은 바이올린, 피아노, 드럼 등을 잘 다룬다. 지금은 교회의 찬양 리더로 섬기고 있다. 또한 영어 학교의 책임자로서 학교 일을 맡아 운영하고 있다. 앞으로 학교뿐 아니라 더 많은 선교 사역을 맡을 책임자로 훈련받고 있다.

비록 세상의 화려한 배경은 갖고 있지 않지만 하나님을 제일로 여기고 마음을 다해 하나님께 영광을 돌리려는 아들, 이 믿음의 동역자를 주신 하나님께 감사드린다.

Chapter 15

# 하나님의 기적은 끝나지 않았다

> 하나님께서는 아름다운 뉴질랜드 땅에 선교 복합 단지를 설립하라는 마음을 강하게 부어 주셨다. 주님의 때가 언제인지, 내 당대에 이루어질지 아니면 다음 세대에 이루어질지 모르지만, 나는 하나님이 나에게 주신 비전을 품고 하루하루 살아간다.

## 선교 복합 단지를 향한 마음
―"계속되는 실버데일의 기적"

하나님께서는 기도 중에 또 하나의 비전을 주셨다. '선교 복합 단지(MISSION COMPLEX)' 설립에 대한 마음을 주신 것이다. 앞으로 약 20만 평의 땅에 크리스천 초·중·고등학교를 설립해서 현지 학생들과 유학생들을 믿음 안에서 양육하고, 많은 선교사님들의 자녀를 이곳에서 교육할 계획이다.

그리고 선교사와 목회자를 위한 안식처를 만들어서 이곳에서 쉬면서 재충전할 수 있게 도우려고 한다.

그뿐 아니라 세계 각국의 언어 훈련 센터를 설립해서 선교사 언어 훈련을 담당하고, 형편이 어려워 영어 연수를 받지 못하는 젊은이들이 무상으로 영어 연수를 할 수 있는 기회를 제공할 것이다. 또 크리스천 캠프와 선교사 양성 기관을 설립해서 전 세계 미전도 종족들에게 복음을 전할 자국민 선교사도 양성할 계획이다.

하나님께서 이 모든 비전을 품게 하셨지만, 주님의 때가 언제인지 나는 모른다. 당대에 이루실지 아니면 다음 세대에 이루실지 알지 못한다. 다만 나는 주신 비전을 품고 하루하루 의욕적으로 살아갈 뿐이다. 하나님께 능치 못할 일이 없음을 체험하며 살아왔기에 하나님의 때에 반드시 이루실 것을 믿는다.

오클랜드 시내 중심에 대학 과정을 포함한 학교를 설립하는 일에 대한 비전도 주셨다. 기적적으로 주셨던 실버데일의 땅이 아직 2만여 평 정도 남아 있는데, 이 땅이 지금 농장 지역에서 산업 지대로 용도 변경 중에 있다. 하나님의 때에 하나님이 주신 비전들이 실버데일의 땅을 통해 이루어질 것이라고 기대한다.

지금까지 교육 선교를 통하여 기대 이상의 많은 열매를 맺었다. 이제 이곳뿐 아니라 더 많은 학생들이 방황하고 있는 시내 중심으로 나아가서 복음을 증거하라고, 하나님께서는 지속적으로 도시로 들어가 선교하라고 열망을 주신다. 앞으로 이루어질 위대한 선교 사역과 복음의 풍성한 열매를 생각하면 늘 가슴이 벅차다.

바울의 고백대로 나는 가장 작은 자다. 나의 나 됨이 오로지 하나님의 은혜 안에 있다. 이 부족하고 미천한 자를 사용해 주시는 우리 아버지 하나님께 모든 영광과 찬양을 올려 드린다.

## 나의 소망 하늘나라
### —"착하고 충성된 종아"

　나에게는 간절한 소망이 하나 있다. 그것은 하나님 앞에 서는 날 "착하고 충성된 종아"라는 한마디를 듣는 것이다. 나는 언제나 하나님의 평가에 귀 기울이며 살아왔다. 세상에서 인정받지 못하고 사람들에게 무시당해도 하나님께 인정받는다면 그것이 내게 큰 기쁨이었다.

　하나님의 말씀대로 살려다 보니 세상 사람들보다 믿는 자들에게 욕을 먹을 때가 더 많았다. 주일 성수를 고집하는 나를 뉴질랜드 사람들은 편협하고 고지식하다고 비난했다. 함께 사역하기 힘든 까다로운 사람이라는 질타도 당했다. 나를 율법에 매인 바리새인으로 생각하는 직원도 있다.

　하지만 나는 사람들의 평가에는 관심이 없다. 다만 하나님 앞에서 칭찬받고 인정받는 종이 되고 싶다. 그리고 바울처럼 하나님이 나를 위해 예비해 두신 천국의 상급을 받고 싶다.

　오늘날 많은 크리스천들이 하늘나라보다 이 땅에 더 큰 소망을 두고 살아간다. 하지만 주님께서 이 땅에 오셔서 3년 동안 우리에게 들려주신 복음은 바로 '하늘나라'에 관한 것이었다.

　"나는 선한 싸움을 싸우고 나의 달려갈 길을 마치고 믿음을 지켰으니 이제 후로는 나를 위하여 의의 면류관이 예비되었으므로 주

곧 의로우신 재판장이 그 날에 내게 주실 것이며 내게만 아니라 주의 나타나심을 사모하는 모든 자에게도니라"(딤후 4:7-8).

골로새서 3장 2-3절에서는 "위의 것을 생각하고 땅의 것을 생각하지 말라 이는 너희가 죽었고 너희 생명이 그리스도와 함께 하나님 안에 감추어졌음이라"라고 말씀하신다. 믿음의 조상들은 일평생 하늘나라에 소망을 두고 살았다. 모세는 그리스도를 위해 받는 능욕을 애굽의 모든 보화보다 더 큰 재물로 여겼다.

"믿음으로 모세는 장성하여 바로의 공주의 아들이라 칭함받기를 거절하고 도리어 하나님의 백성과 함께 고난 받기를 잠시 죄악의 낙을 누리는 것보다 더 좋아하고 그리스도를 위하여 받는 수모를 애굽의 모든 보화보다 더 큰 재물로 여겼으니 이는 상 주심을 바라봄이라"(히 11:24-26).

기쁨으로 충만해야 할 크리스천의 삶 속에 고통이 계속되는 것은 그들의 소망이 잘못되었기 때문이다. 천국에 소망을 두고 사는 사람은 이 땅의 어떤 환난과 고난 속에서도 감사할 수 있다. 고통하고 애통할 만한 가치가 이 땅의 것들에는 없기 때문이다.

바울과 실라가 빌립보 감옥에서 매를 맞고 쓰러졌어도 밤새 하나님께 찬양과 감사의 기도를 드릴 수 있었던 것은 그들의 소망이 하늘나라에 있었기 때문이다. 다니엘이 사자굴에서, 다니엘의 세 친구가 풀무불에서도 의연했던 것은 그들의 소망이 오직 하나님에게 있었기 때문이다.

하나님께서 우리에게 원하는 삶은 이 땅에서 잘 먹고 잘 살고 세상 사람들에게 인정받는 삶이 아니다. 하나님이 원하시는 삶은 하늘나라에 합당한 삶, 하나님께 인정받는 삶이다. 성경은 우리의 삶을 나그네의 삶이라고 했다. 나그네는 지나가는 사람이지 정착하고 사는 사람이 아니다. 하나님께서 부르시는 날, 우리는 모두 이 땅을 떠나야 한다. 그런 우리가 이 땅에 무엇을 쌓고 살아간다는 것은 매우 어리석은 행동이다.

> "외모로 보시지 않고 각 사람의 행위대로 심판하시는 이를 너희가 아버지라 부른즉 너희가 나그네로 있을 때를 두려움으로 지내라"(벧전 1:17).

우리의 시간이 언제 끝날지 모르기 때문에 우리는 순간순간 두려운 마음으로 살아야 한다. 성경은 우리의 삶을 "잠깐 보이다가 없어지는 안개"와 같다고 했다(약 4:14). 아침에 안개가 세상을 뒤덮으면 아무것도 보이지 않지만 태양이 떠오르면 안개는 바로 사라진다. 이 안개처럼 살아가는 인생이 무슨 10년, 20년을 염려하고, 계획하며 살아가겠는가? 우리는 언제나 오늘이 마지막 시간인 것처럼 천국을 준비하며 두려운 마음으로 살아야 한다.

세상의 것들은 무가치하다. 믿는 자들이 이 무가치한 것을 잡으려고 눈물 흘리며 발버둥 치니 너무 안타깝다. 세상의 출세와 부요, 성공을 이루려고 하나님께 밤낮으로 울부짖는 모습은 결코 아름답지 않다. 이 땅의 것을 간구할 것이 아니라, 영원한 하늘나라에 합당한 자가 되기 위해 애통하며 간구해야 할 것이다.

세상에 대한 욕망을 버리게 해달라고 가슴을 쥐어뜯으며 회개해야 한다. 우리는 종의 형체로 이 땅에 오셔서 죽기까지 우리를 섬겨 주신 그리스도의 마음을 품게 해달라고 간구해야 한다.

> "너희 안에 이 마음을 품으라 곧 그리스도 예수의 마음이니 그는 근본 하나님의 본체시나 하나님과 동등됨을 취할 것으로 여기지 아니하시고 오히려 자기를 비워 종의 형체를 가지사 사람들과 같이 되셨고 사람의 모양으로 나타나사 자기를 낮추시고 죽기까지 복종하셨으니 곧 십자가에 죽으심이라"(빌 2:5-8).

세상의 영광, 젊음과 명예, 부귀는 꽃과 같이 시들고 다 사라진다. 솔로몬은 이 땅의 부귀영화를 가장 많이 누린 사람이다. 그러나 그는 이 모든 것이 "헛되고 헛되며 헛되고 헛되니 모든 것이 헛되도다"(전 1:2)라고 고백한다. 얼마나 헛되면 다섯 번이나 헛되다고 했을까.

참 믿음은 이 세상의 모든 것이 부질없고 헛된 것임을 깨닫는 데서부터 출발한다. 세상에 대한 욕심을 포기하지 않는다면 절대로 참 믿음의 삶을 살 수 없다.

"그러므로 모든 육체는 풀과 같고 그 모든 영광은 풀의 꽃과 같으니 풀은 마르고 꽃은 떨어지되"(벧전 1:24).

우리에게는 눈물도 고통도 없는, 수정같이 맑은 생명수가 흐르는 하나님 아버지의 집이 있다. 그곳에는 우리를 위해 준비하신 생명의 면류관을 가지고, 우리를 간절히 기다리시는 아버지가 계시다. 나는 오늘도 영원한 아버지의 집을 사모하며, 착하고 충성된 종의 삶을 살고자 하나님의 뜻이 무엇인지 귀 기울여 듣고 있다. 앞으로도 그렇게 살 것이다.

감사의 글

# 주님의 크신 은총을 전하며

책을 쓰는 동안 내 마음을 차지한 두 단어가 있었다. 바로 '은혜'와 '감사'였다. 뒤돌아보면 지금껏 나는 하나님의 은혜로 살아왔다. 지금까지 베풀어 주신 이 크신 은혜에 마음을 다하여 감사할 뿐이다. "나의 나 됨이 오로지 하나님의 은혜"라고 고백한 바울의 고백이 바로 오늘 나의 고백이다.

먼저, 이 크신 하나님의 은혜를 책을 통하여 증거하며 하나님께 영광 돌릴 수 있도록 허락하신 하나님께 감사드린다. 그리고 일평생 나를 위해 기도하며 하나님 중심의 삶을 살도록 철저하게 신앙교육을 하신 나의 사랑하는 어머니 故 김성조 권사님에게 깊은 감사를 드린다.

이 책의 초고를 수십 번 읽으며 감격하고 격려해 준 사랑하는 아내와, 밤낮으로 컴퓨터와 씨름하며 애써 준 아들에게도 감사의 마음을 전한다.

나의 간증집이 나오기를 소망하며 기도해 준 사랑하는 우리 전도사들과 이곳을 다녀간 모든 학생들에게 감사의 마음을 전한다.

사실 이 책이 나오기까지 가장 수고한 사람이 있다. 나의 믿음의 딸인 하선영 자매다. 몇 개월 동안 내 간증을 원고로 묶을 수 있도록 정리해 주고, 나보다 더 감격한 믿음의 딸에게 마음 깊이 고마움을 전한다. 또한 허성혜, 강시은 자매에게도 감사하다.

특별히 바쁜 가운데서도 기쁜 마음으로 추천사를 써 주신 수영로교회 정필도 목사님, 호산나교회 최홍준 목사님, 여의도순복음교회 이영훈 목사님, 총신대학교 총장 정일웅 교수님에게도 깊이 감사드린다.

이 책을 낼 수 있도록 강하게 권유하고 모든 것을 준비해 주신 김정주 교수님과 김은경 님, 그리고 마음을 다해 글을 아름답게 다듬어 주신 서유미 작가님에게도 깊이 감사한다.

본서 《이른 비의 기적》은 《재벌 하나님 나의 아버지》 간증집이다. 이 간증집이 나간 이후 7년이라는 시간 속에 하나님은 더 크게 기적을 허락해 주셨다. 그 기적 이야기를 다룬 책이 쿰란출판사에서 발행한 《늦은 비의 기적》이다.

"시온의 자녀들아 너희는 너희 하나님 여호와로 인하여 기뻐하며 즐거워할지어다 그가 너희를 위하여 비를 내리시되 이른 비를 너희에게 적당하게 주시리니 이른 비와 늦은 비가 전과 같을 것이라"(욜 2:23).

하나님은 우리 삶에 이른 비와 늦은 비를 내리시며 하나님의 하나님 되심을 말씀해 주신다. 《늦은 비의 기적》 출간과 함께 미리 역사해 주셨던 기적 이야기 《재벌 하나님 나의 아버지》를 다시금 '이른 비의 기적'으로 명명하여 본서가 태어나게 되었다.

다 언급하지 못하지만 이 책이 나오기까지 격려와 기도로 후원해 주신 모든 분들에게 감사의 마음을 전한다. 특별히 이 책의 새로운 발간을 위해 수고해 주신 쿰란출판사 이형규 장로님과 출판사 직원 여러분에게도 감사를 드리며 주님의 크신 은총이 모든 분들에게 늘 함께하시기를 기도한다.

뉴질랜드에서 이은태 목사

# 다니엘 선교센터 진행사역
## Daniel Mission Centre

**교육사역**
Auckland Edinburgh College를 세워 영어를 전문적으로 가르치며 교육생들에게 복음전파의 기회를 삼고 있습니다.

**교회사역**
Auckland International Church를 설립하여 뉴질랜드 내에 있는 다민족들이 함께 예배하는 청년공동체 사역을 진행하고 있습니다.

**선교단체 지원사역**
New Zealand Mission Centre를 설립하여 세계적인 성경번역 선교단체인 Wycliffe를 시작으로 총 17개 국제선교단체를 지원하고 있습니다.

**장학생사역**
MEC(Mission English Course) 사역을 통해 매년 한국의 기독 청년들에게 지난 20년간 매 해 200여명씩 장학금을 주어 영어연수 및 선교의 기회를 제공하고 있습니다.

**장학관사역**
한국 및 세계에서 뉴질랜드로 유학 오는 청년들을 위한 장학관을 세워 안전한 유학생활을 돕도록 현재 총 14개의 장학관이 운영되고있습니다.

**선교비즈니스 사역**
Pukekohe Mega Centre를 운영하여 얻게 되는 모든 수입원들이 선교를 지원할 수 있도록 돕고 있습니다.

**탈북자사역**
탈북자 학교를 지원하며 탈북 학생들에게 장학금과 생활비를 지원해주고 있으며 뉴질랜드 유학을 통해서 영어연수의 기회를 제공하고 있습니다.

**노인사역**
한국 수원에 다니엘 나눔센터를 세워 독거노인및 노숙자 무료급식을 지원하며 노인들을 위한교회를 설립하여 어려운 노인들을 지원하고 있습니다.

**해외선교 사역**
바누아투, 태국 등에 학교 및 교회 설립과 구제 사역을 지원하고 있습니다.

**크리스천 캠프 사역**
다니엘 크리스천 캠프는 바닷가 약 2만평에 세워진 아름다운 곳으로 크리스천들의 영적훈련 장소로 귀하게 쓰임받고 있습니다.

 **문의**

담당 정재식 목사  Email jjsdavid@hotmail.com  카톡 jjsdavid
학교홈페이지 www.nzaec.com
학교페이스북 www.facebook.com/aecnz  MEC페이스북 www.facebook.com/mecnz

하나님의 살아 계심을 증거하는 기적의 삶
# 이은태 목사 집회문의

이은태 목사님의 집회는 지금도 생생하게 살아 역사하시는 하나님의 기적을 통해서 성도들에게 강한 믿음의 도전을 주게 됩니다. 해마다 국내집회와 해외집회 일정이 잡혀 있으니 문의를 통해서 이 **귀한 축복의 기회**를 얻으시기 바랍니다.

New Zealand Mission Centre 설립
뉴질랜드 선교센터 이사장
Auckland Edinburgh College 이사장
Auckland International Church 담임목사
Daniel Christian Camp 이사장
수원 다니엘 나눔센터 이사장
"재벌 하나님, 나의 아버지" (대성출판, 2011) 저자

### 〈주요활동〉

**방송선교사역**
- CBS 새롭게 하소서 2회 출연 (간증소개)
- 기독교TV 출연 (사역소개 및 '내가 매일 기쁘게' 간증)
- 극동방송 출연 (하나 되게 하소서)
- CC Channel TV 출연 (내 모습 이대로)
- 국민일보 10여회 사역소개
- 미국 Seattle TV 및 Radio 출연 (간증방송)
- 호주 최대 기독교 Magazine "Alive"에 사역소개
- 뉴질랜드 Baptist신문 사역소개, 뉴질랜드 World TV 간증소개
- 뉴질랜드 Christian Life 및 Christ Radio 사역소개

**학교사역**
- 연세대, 경북대, 한동대, 계명대, 총신대, 고신대, 한일장신대, 백석대, 장신대, 그리스도대학 및 해외 신학대학 초청집회

**간증집회사역**
- 미국, 독일, 오스트리아, 스위스, 호주, 뉴질랜드, 태국 등에서 집회인도
- 여의도 순복음교회, 부산 수영로교회, 안산 동산교회, 부산 호산나교회, 전주 안디옥교회, 부산 세계로교회, 오륜교회, 침례교 연합 청년집회 강사 등 매년 국내 80회 이상 집회인도
- 뉴질랜드 중국인 교회 연합집회 강사
- KOSTA 강사
- New Zealand Elim Bible College 강사

**장학사업 및 선교사업**
- 목회자 자녀 및 기독청년에 장학금 지원
  (6개월 과정, 매년 200명, 현재까지 2300여명 연수)
- 탈북학생 장학사업
- 바누아투 선교지원

---

**집회문의** | 담당 정재식 목사　카카오톡 jjsdavid　문의전화 +64 21 240 7711
이메일 jjsdavid@hotmail.com　홈페이지 www.nzaec.com

# 뉴질랜드 MEC 영어·선교장학생 모집

## MEC 영어·선교장학생

뉴질랜드 Auckland Edinburgh College에서는 영어교육과 아울러 선교에 헌신하고자 하는 MEC(Mission English Course) 영어·선교 장학생을 다음과 같이 모집합니다.

### 모집요강

- **대상 1 :** 목회자(교역자/선교사)자녀
- **대상 2 :** 세례교인 이상으로 선교에 헌신할 자
- **모집인원 :** 200여명/년(상반기, 하반기 연 2회 모집)
- **장학혜택 :** 전액 영어·선교 장학생(6개월 학비 전액지원)
  반액 영어·선교 장학생(6개월 학비 반액지원)
- **선교사역 :** 외국학생 선교, 뉴질랜드 아웃리치, 한글교육 및 클럽활동을 통한 선교, 로토루아 캠프, 양로원 봉사활동 등
- **영어연수 :** Full Time 수준별 전문 12단계 집중영어연수 Courses
- **지원방법 :** AEC 홈페이지 공지사항 참조 http://www.nzaec.com
- **문의사항 :** 이메일 nzmec2000@gmail.com / 카톡 aecnz
  Ph +64 9 912 7980(뉴질랜드 학교) / Fax +64 9 263 7577

# 일반 영어 과정

## 일반 영어 과정(General English)
- 수준별 전문 12단계 영어과정, 최고 수준의 현지인 영어 교사

## IELTS 전문 과정(IELTS Preparation)
- 대학입학준비반(Academic Module), 영주권 준비반(General Module)

## 중고생 현지학교 입학 준비반
- 대상 : 초/중/고등학생

## 방학단기 집중영어 연수(여름/겨울방학)
- 대상 : 초/중/고/대학생 및 성인(학부모 참가 가능)

## TESOL(영어교사 자격증) 과정
- 대상 : 대학생 및 성인(초/중/고등학교 및 유치원 영어 교사 우대)
- 기간 : 6주 Full time

## MEC 연수 후 인턴십 과정
전문 분야에서 재능을 발휘할 수 있는 인턴십 과정(6개월 이상)
**인턴십 전문 분야** : 간사, 통/번역, 홈페이지 제작 및 관리, 영상촬영 및 편집, 사진촬영 및 기사작성, 행정업무 지원
**특전** : 6개월 학비 전액 지원 및 장학관비용 일부지원(오전:영어수업/오후:인턴십)

✤ Auckland Edinburgh College는 NZQA 뉴질랜드 교육부 감사 결과, 전 영역 최우수 학교로 선정됨 (행정관리:Excellent, 학생복지:Excellent, 일반영어과정:Excellent, 테솔과정:Excellent)